U0142998

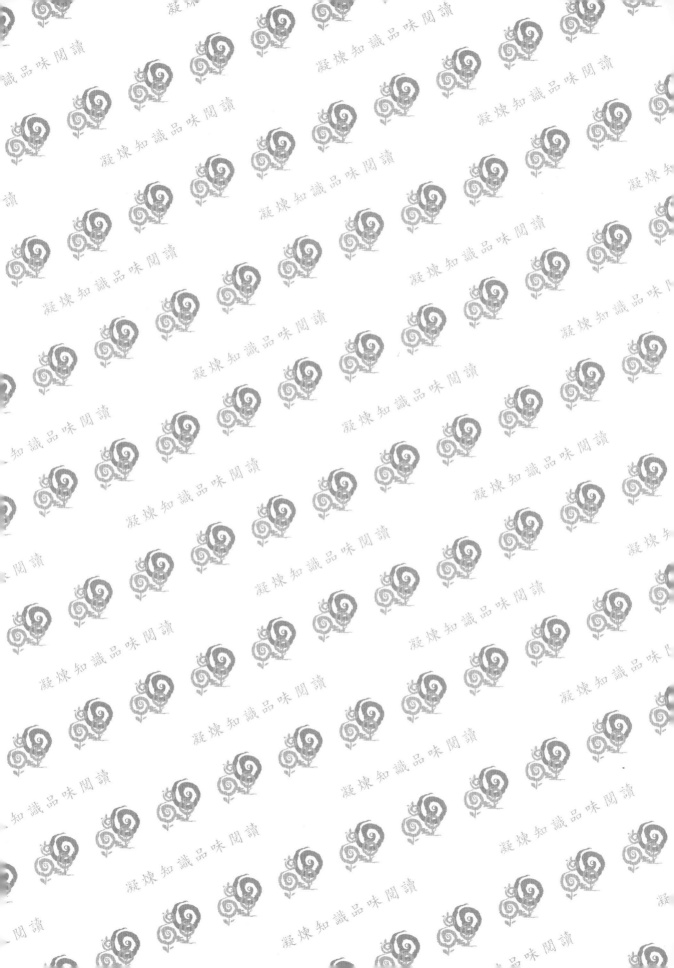

研究&方法

整合分析軟體CMA
簡介與操作實務

第二版

———— 李茂能 著

五南圖書出版公司 印行

「證據導向」的整合分析（Meta-analysis）係當代量化研究的顯學，已成為不同領域學者的基本知能。學者 Borenstein、Hedges、Higgins 與 Rothstein 等人（2009）不僅出版了整合分析導論的專書 *Introduction to Meta-Analysis* 之外，也推出了整合分析軟體：Comprehensive Meta-Analysis（CMA），有效簡化繁複的整合分析工作，提升了研究者的生產力。

CMA 具有友善的操作介面，例如：具有預定好的多種資料輸入格式、易於進行各種效果值的計算及互換、高品質的效果值摘要森林圖與豐富的線上統計說明，對於研究與教學皆宜。

為因應國內研究與教學者之需求，特再更新此實務手冊，摘述了 CMA 的重要操作功能與指令，書中儘量透過圖示以化繁為簡；並透過實例從操作中學習，期能縮短 CMA 摸索的時程。首次使用 CMA 的讀者，請先體驗書末第 8 章「CMA 的首航」這一章中的系列實作步驟，深信定能輕鬆闖關，第一次就能獲得正確的 CMA 整合分析結果。

為了因應 CMA 3.0 中「Meta regression 2」程式的重大更新，本書第二版中，除了排版更新外，在第 3 章中內容有較大的修訂，其餘章節內容與文字亦有微調，以使文意更簡潔與流暢。CMA 3.0 所推出的「Meta regression 2」程式，對於預測變項數與類別已不設限，且可以設定預測變項集，而模式中也可同時包含類別與連續性的變項。

CMA 試用版軟體的下載網址為 http://www.meta-analysis.com/pages/demo_download.html，該試用版除森林圖會出現試用浮水印戳章之外，享有的功能與正式版無異，不過僅限試用 10 次。

李茂能 謹識於嘉義　2020.5

目次

第3章　CMA 主要統計報表的輸出程序　　045

第 1 章

CMA 主要功能與特色

一、利用大家熟悉的 EXCEL 表單格式進行資料的輸入

二、提供事先建置好的各種檔案格式，輕鬆建檔

三、資料輸入後，自動計算效果值

四、提供各種效果值的計算過程與公式

五、可進行累積式整合分析：分析趨勢與極端值

六、可進行靈敏度分析：了解研究結果的穩定性與強韌性

七、提供次群體整合分析

八、允許多重資料的輸入格式

九、可評估出版偏差

十、各種效果值指標間可以進行互換

Comprehensive Meta-Analysis（CMA）不僅使用者介面操作容易，統計與製圖功能齊全，而且可以同時輸入不同格式的資料及擁有線上的統計教練，深受整合分析研究者與教學者的青睞。爲讓初學者能快速上手，特先將 CMA 的主要功能與特色稍作簡介。

◆ 一、利用大家熟悉的 EXCEL 表單格式進行資料的輸入

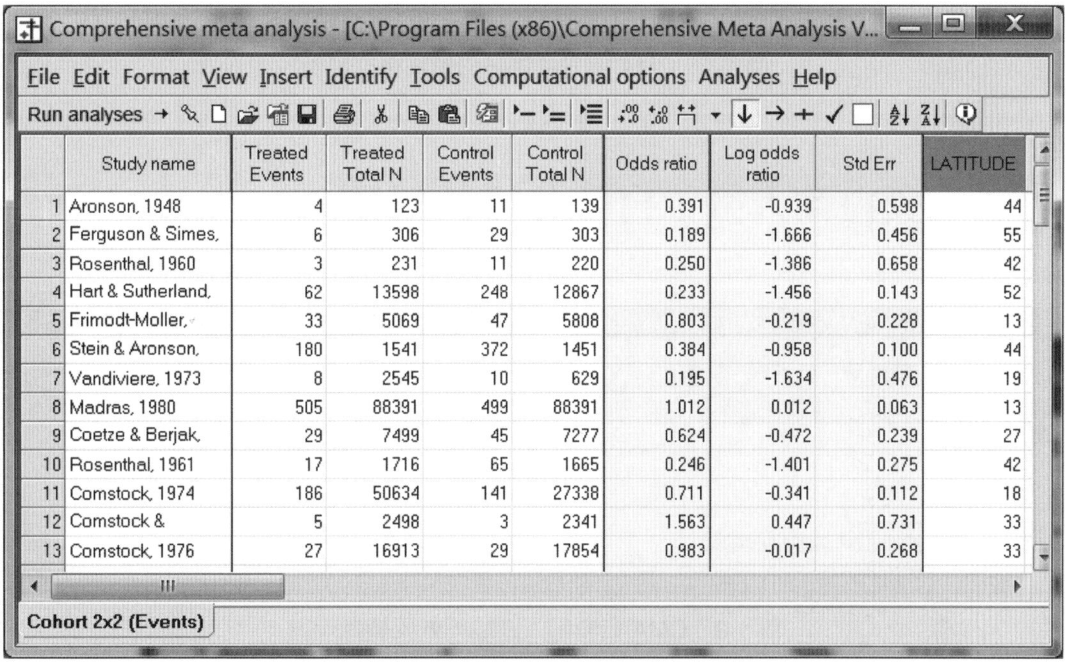

	Study name	Treated Events	Treated Total N	Control Events	Control Total N	Odds ratio	Log odds ratio	Std Err	LATITUDE
1	Aronson, 1948	4	123	11	139	0.391	-0.939	0.598	44
2	Ferguson & Simes,	6	306	29	303	0.189	-1.666	0.456	55
3	Rosenthal, 1960	3	231	11	220	0.250	-1.386	0.658	42
4	Hart & Sutherland,	62	13598	248	12867	0.233	-1.456	0.143	52
5	Frimodt-Moller,	33	5069	47	5808	0.803	-0.219	0.228	13
6	Stein & Aronson,	180	1541	372	1451	0.384	-0.958	0.100	44
7	Vandiviere, 1973	8	2545	10	629	0.195	-1.634	0.476	19
8	Madras, 1980	505	88391	499	88391	1.012	0.012	0.063	13
9	Coetze & Berjak,	29	7499	45	7277	0.624	-0.472	0.239	27
10	Rosenthal, 1961	17	1716	65	1665	0.246	-1.401	0.275	42
11	Comstock, 1974	186	50634	141	27338	0.711	-0.341	0.112	18
12	Comstock &	5	2498	3	2341	1.563	0.447	0.731	33
13	Comstock, 1976	27	16913	29	17854	0.983	-0.017	0.268	33

Cohort 2x2 (Events)

圖 1-1 CMA 仿用 EXCEL 表單輸入格式

圖 1-1 係 CMA 的資料編輯視窗與效果值的顯示視窗，跟 EXCEL 表單輸入格式很類似，當中白色區塊（2～6 欄位）爲資料編輯視窗，黃色區塊（7～9 欄位）爲效果值的顯示視窗，使用者已熟悉此類資料編輯器，操作起來親和力強，且易學、易用。

◆ 二、提供事先建置好的各種檔案格式，輕鬆建檔

圖 1-2 係 CMA 的內定輸入格式範例，在空白視窗的上緣會自動呈現研究名稱

（Study name）與待輸入資料欄位的名稱（Group A & Group B 的平均數、標準差與樣本大小），研究者只要在變項名稱的下緣空白表單中，輸入必備的資料或數據；並設定效果值的方向（Effect direction）即可。因此，研究者可以不用煩惱各類效果值的建檔格式。

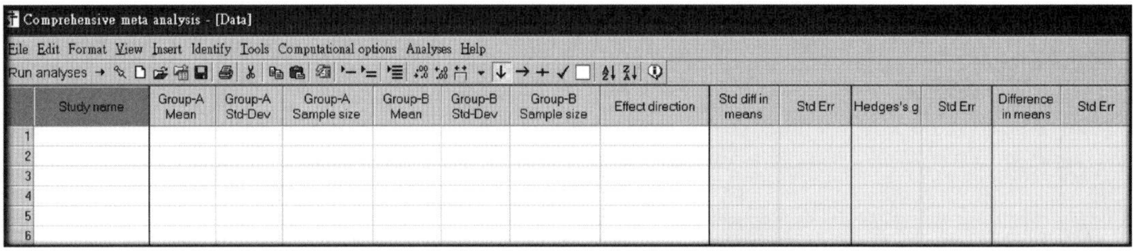

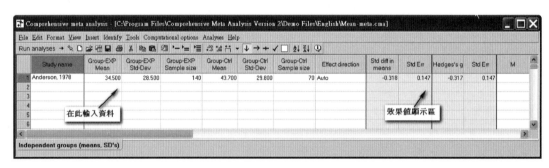

圖 1-2　CMA 事先建置好的檔案格式範例

三、資料輸入後，自動計算效果值

圖 1-3　CMA 資料輸入區域與效果值顯示區

當資料輸入完整之後，CMA 會自動計算效果值，並顯示在黃色區塊內（效果值顯示區，如圖 1-3 所示），如果輸入不全或不正確時，則不會顯示相關之效果值。

四、提供各種效果值的計算過程與公式

研究者可以利用滑鼠右鍵在黃色區塊點一下，就會出現「Data entry assistant」的選單： 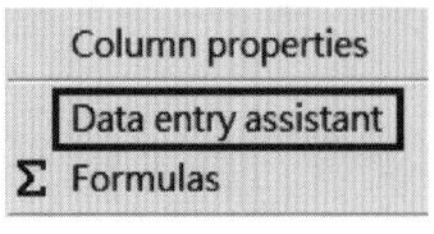 Column properties / Data entry assistant / Σ Formulas ；亦可直接利用滑鼠左鍵直接雙擊在黃色區塊內出現統計數

字的細格，就會出現圖 1-4 內部的公式說明視窗。另外，研究者亦可利用滑鼠左鍵點選圖 1-4 的操作表單下緣「Calculations」，查看整合分析結果的統計過程。由此觀之，CMA 不僅是整合分析的資料分析者，也是整合分析的統計教練，隨時在線上為你服務，堪稱研究與教學兩相宜。

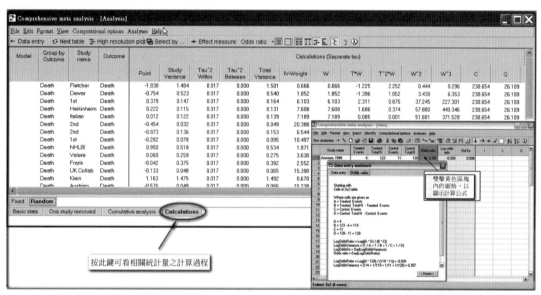

圖 1-4　效果值的計算過程與公式的顯示視窗：請雙擊細格效果值

◆ 五、可進行累積式整合分析：分析趨勢與極端值

　　CMA 允許重複進行資料分析，每次迭代都會添加額外的研究結果，並更新整合效果的估計值，以顯示證據（如實驗處理效果）如何隨時間而轉變或了解有何趨勢存在。有時研究者可以先將研究結果按時間之順序事先排序好，才進行累積式（cumulative）整合分析。使用者點選圖 1-5 的 CMA 選擇按鈕「Cumulative analysis」，即可出現圖 1-6 之累積式整合分析結果。

圖 1-5　基本統計分析、靈敏度分析與累積式整合分析之選擇表單

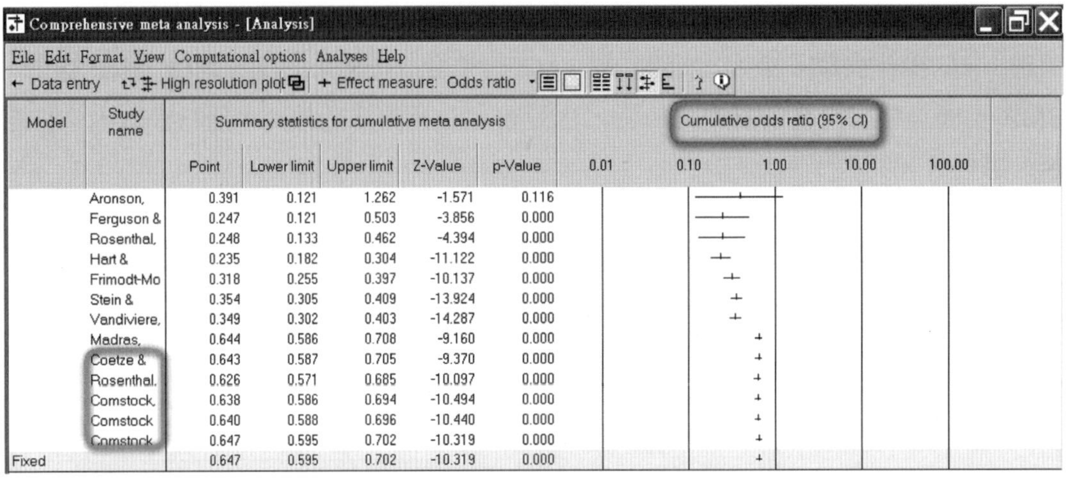

Comprehensive meta analysis - [Analysis]

File Edit Format View Computational options Analyses Help

← Data entry ⇆ High resolution plot + Effect measure: Odds ratio

Model	Study name	Point	Lower limit	Upper limit	Z-Value	p-Value
	Aronson,	0.391	0.121	1.262	-1.571	0.116
	Ferguson &	0.247	0.121	0.503	-3.856	0.000
	Rosenthal,	0.248	0.133	0.462	-4.394	0.000
	Hart &	0.235	0.182	0.304	-11.122	0.000
	Frimodt-Mo	0.318	0.255	0.397	-10.137	0.000
	Stein &	0.354	0.305	0.409	-13.924	0.000
	Vandiviere,	0.349	0.302	0.403	-14.287	0.000
	Madras,	0.644	0.586	0.708	-9.160	0.000
	Coetze &	0.643	0.587	0.705	-9.370	0.000
	Rosenthal,	0.626	0.571	0.685	-10.097	0.000
	Comstock,	0.638	0.586	0.694	-10.494	0.000
	Comstock	0.640	0.588	0.696	-10.440	0.000
	Comstock	0.647	0.595	0.702	-10.319	0.000
Fixed		0.647	0.595	0.702	-10.319	0.000

圖 1-6　累積式整合分析結果

由圖 1-6 的累積式整合分析結果可以發現，當平均效果值累積到 Vandiviere 研究時為 0.349，但加入 Madras 研究時陡增到 0.644，可見 Madras 研究是一個極端個案，具有重大影響力（極端值）的研究結果。

六、可進行靈敏度分析：了解研究結果的穩定性與強韌性

CMA 允許重複進行資料分析，每次迭代都會刪除一個研究，以顯示該研究對組合效果值的影響力。本分析方法常用來找出哪一個研究結果具有顯著影響力（Influential studies），通常為具有極端值（如論文品質不佳）的研究。有時研究者亦會使用不同方法（如固定效果或隨機效果模式、次群體分析）進行整合分析，看看平均效果值是否會有顯著的改變。執行 CMA 的靈敏度（Sensitivity）分析，請點選圖 1-5 下方的 CMA 選擇按鈕「One study removed」，再檢視圖 1-7 靈敏度整合分析結果，相信你可以發現刪除 Madras 研究之後，平均效果值產生顯著的改變，急降為 0.451，顯示 Madras 研究可能是一個具有顯著影響力的極端研究值。

Comprehensive meta analysis - [Analysis]
File Edit Format View Computational options Analyses Help
← Data entry High resolution plot + Effect measure: Odds ratio

Model	Study name	Summary statistics with one study removed					Odds ratio (95% CI) with study removed
		Point	Lower limit	Upper limit	Z-Value	p-Value	0.01 0.10 1.00 10.00 100.00
	Aronson,	0.648	0.597	0.704	-10.234	0.000	
	Ferguson &	0.653	0.601	0.710	-10.024	0.000	
	Rosenthal,	0.649	0.597	0.705	-10.205	0.000	
	Hart &	0.713	0.654	0.778	-7.632	0.000	
	Frimodt-Mo	0.642	0.590	0.698	-10.320	0.000	
	Stein &	0.725	0.662	0.795	-6.882	0.000	
	Vandiviere,	0.653	0.601	0.709	-10.054	0.000	
	Madras,	0.451	0.403	0.504	-14.032	0.000	
	Coetze &	0.647	0.595	0.704	-10.129	0.000	
	Rosenthal,	0.662	0.609	0.720	-9.649	0.000	
	Comstock,	0.636	0.582	0.696	-9.902	0.000	
	Comstock	0.645	0.593	0.700	-10.372	0.000	
	Comstock,	0.640	0.588	0.696	-10.440	0.000	
Fixed		0.647	0.595	0.702	-10.319	0.000	

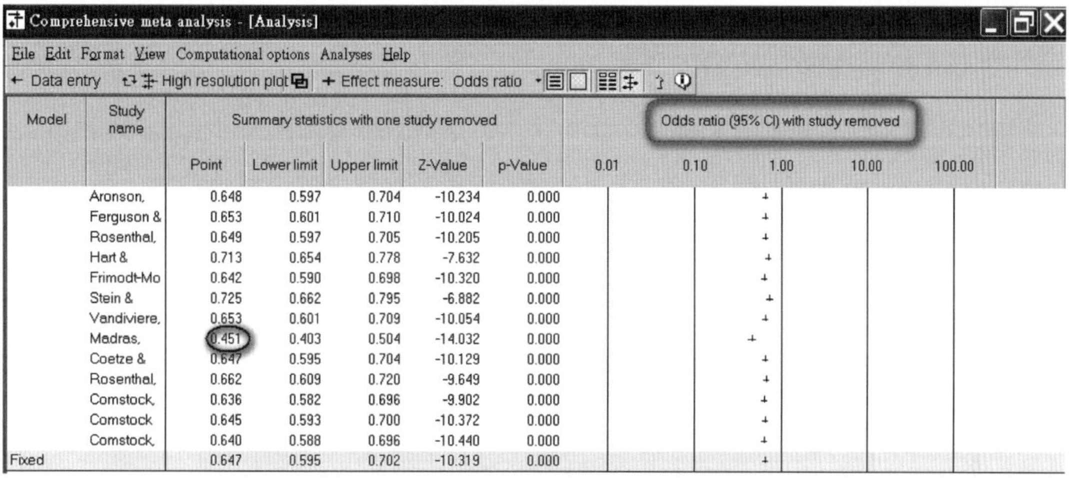

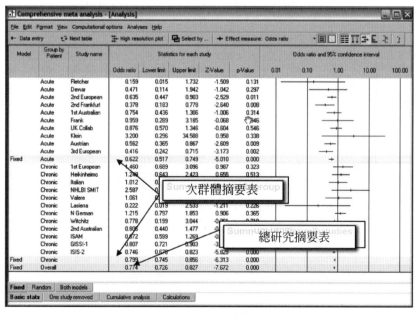

圖 1-7　靈敏度整合分析結果（移除該筆資料）

圖 1-7 中「Summary statistics with one study removed」摘要表，其中 Point 欄位顯示了移除一筆研究結果之後的點估計值。

七、提供次群體整合分析

研究者可以利用 CMA 的功能表單「Computational options」下之「Group by」，進行類別變項的次群體整合分析，參見圖 1-8。

Comprehensive meta analysis - [Analysis]
File Edit Format View Computational options Analyses Help
← Data entry Next table High resolution plot Select by ... + Effect measure: Odds ratio

Model	Group by Patient	Study name	Statistics for each study					Odds ratio and 95% confidence interval
			Odds ratio	Lower limit	Upper limit	Z-Value	p-Value	0.01 0.10 1.00 10.00 100.00
	Acute	Fletcher	0.159	0.015	1.732	-1.509	0.131	
	Acute	Dewar	0.471	0.114	1.942	-1.042	0.297	
	Acute	2nd European	0.635	0.447	0.903	-2.529	0.011	
	Acute	2nd Frankfurt	0.378	0.183	0.778	-2.640	0.008	
	Acute	1st Australian	0.754	0.436	1.306	-1.006	0.314	
	Acute	Frank	0.959	0.289	3.185	-0.068	[illegible]	
	Acute	UK Collab	0.876	0.570	1.346	-0.604	0.546	
	Acute	Klein	3.200	0.296	34.588	0.958	0.338	
	Acute	Austrian	0.562	0.365	0.867	-2.609	0.009	
	Acute	3rd European	0.416	0.242	0.715	-3.173	0.002	
Fixed	Acute		0.622	0.517	0.749	-5.010	0.000	
	Chronic	1st European	1.460	0.689	3.096	0.987	0.323	
	Chronic	Heikinheimo	[illegible]	0.643	2.423	0.655	0.513	
	Chronic	Italian	1.012	[illegible]	[illegible]	[illegible]	[illegible]	
	Chronic	NHLBI SMIT	2.587	[illegible]	[illegible]	[illegible]	[illegible]	
	Chronic	Valere	1.061	[illegible]	[illegible]	[illegible]	[illegible]	
	Chronic	Lasierra	0.222	0.019	2.533	-1.211	0.226	
	Chronic	N German	1.215	0.797	1.853	0.906	0.365	
	Chronic	Witchitz	0.778	0.199	3.044	[illegible]	[illegible]	
	Chronic	2nd Australian	[illegible]	0.440	1.477	[illegible]	[illegible]	
	Chronic	ISAM	0.872	0.599	1.269	[illegible]	[illegible]	
	Chronic	GISSI-1	0.807	0.721	0.903	[illegible]	[illegible]	
	Chronic	ISIS-2	0.746	0.678	0.823	-5.829	0.000	
Fixed	Chronic		0.799	0.745	0.856	-6.313	0.000	
Fixed	Overall		0.774	0.726	0.827	-7.672	0.000	

圖 1-8　CMA 次群體分析

◆ 八、允許多重資料的輸入格式

　　圖 1-9 係不同資料格式的輸入，研究者需在 CMA 中進行兩次「Insert → Column for... → Effect size data」的設定。這項功能解決了多重效果值之原始資料，在一般分析表單中不能共存的窘境。觀察圖 1-9 中 A 與 B 可知，該研究具有兩種資料格式，一為 Contrast-based 的勝算比資料，一為 Arm-based 的原始資料。

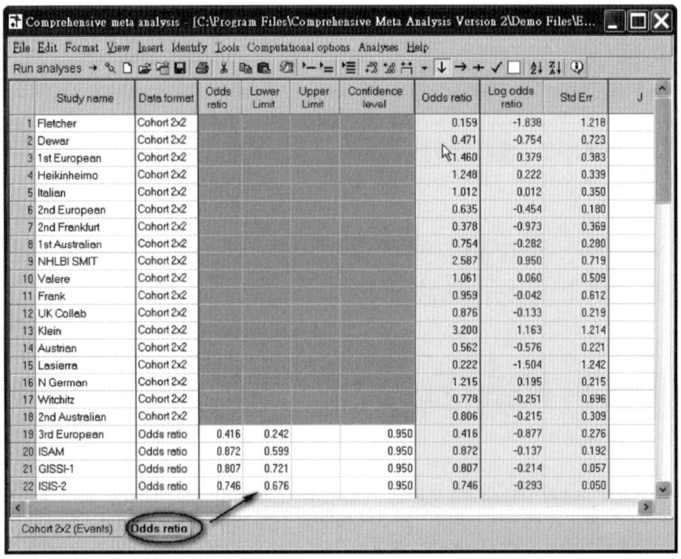

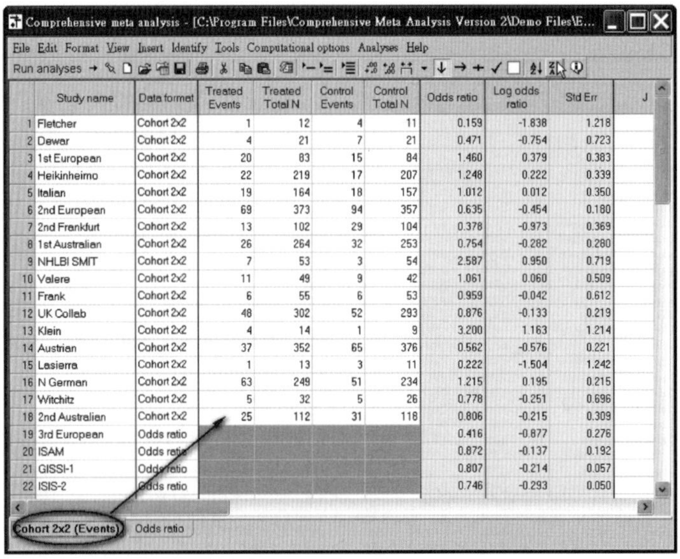

圖 1-9　單一研究多重結果的資料輸入方法

九、可評估出版偏差

CMA 提供了四種出版偏差之評估方法〔Fail-safe N（安全失效數）、Rank correlation test、Regression test、Trim and fill〕，請參見圖 1-10 的上方視窗（A）上緣。圖 1-10 下方視窗（B）的上半部係 CMA 之出版偏差之報告，研究者可以使用滑鼠左鍵按下 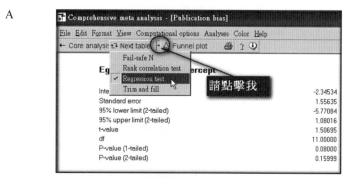，以查看 CMA 之線上統計教練對於出版偏差報告的相關說明〔請看圖 1-10 下方視窗（B）的下半部〕。如欲查看所有出版偏差報告的相關說明，請按下視窗 B 中 Show all 的，就可查閱所有出版偏差統計結果的相關說明。圖 1-10 下方視窗（B）係 CMA 出版偏差：Egger's 迴歸分析結果，研究者須檢查截距及其相關之 t 統計考驗值及 p 值（請看圖 1-10 下方視窗的上半部）。本例顯示無出版偏差，因為 p 值（.09631）>.05、截距的 .95 信賴區間也包含 0。

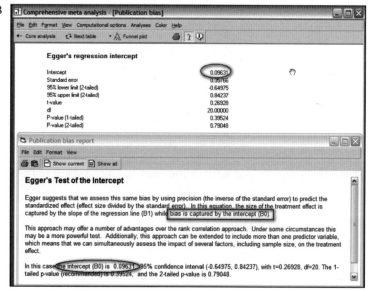

圖 1-10　四種 CMA 出版偏差評估方法：Egger's 迴歸分析結果

◆十、各種效果值指標間可以互換

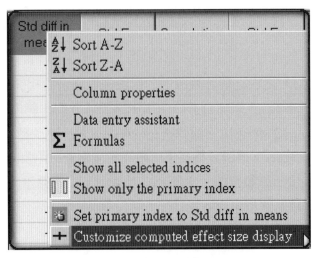

圖 1-11 效果值間的互換表單

　　研究者可用滑鼠右鍵單擊黃色區域內的效果值細格，就會跳出圖 1-11 的視窗，點選效果值間互換選單：「Customize computed effect size display」，接著就會顯示效果值指標對話框：「Effect size indices」視窗，如圖 1-12 所示。如果不同效果值指標出現在同一顏色區塊，表示指標可以互換；如果出現在不同顏色區塊的指標，則表示不能互換（亦即表示不能整合在一起進行整合分析）。

　　研究者如欲將標準化平均數差異效果值（Std diff in means）轉換成相關係數指標（Correlation），請在圖 1-12 內點選「Correlation」，就可看到轉換的結果，如圖 1-13 所示。如果效果值指標間無法互轉（出現在不同色塊的指標），CMA 的欄位會以空白呈現。另外，整合分析的待分析對象也可更換；操作時，請先在 CMA 的資料編輯視窗內點選待分析的指標列（如 Std diff in means）後，接著按下「Set primary index」功能表單（參見圖 1-11），再進行標準化平均數差異效果值的統計分析。圖 1-11 中，出現「Set primary index to Std diff in means」，即表示將進行標準化平均數差異效果值的整合分析（圖 1-13 倒數第 4 欄位會出現紫色欄位）。當然，研究者亦可在 CMA 的資料編輯視窗內點選待分析的 Correlation 指標列後，接著按下「Set primary index」功能表單，再進行相關係數效果值的整合分析。

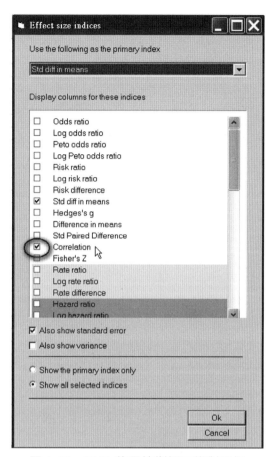

圖 1-12　CMA 效果值指標互換對話框

新增效果值指標：
相關係數

	Study name	Group-EXP Mean	Group-EXP Std-Dev	Group-EXP Sample size	Group-Ctrl Mean	Group-Ctrl Std-Dev	Group-Ctrl Sample	Effect direction	Std diff in means	Std Err	Correlation	Std Err
1	1	34.500	28.500	140	43.700	29.800	70	Auto	-0.318	0.147	-0.148	0.067
2	2	2.000	1.300	10	2.800	1.600	10	Auto	-0.549	0.456	-0.265	0.204
3	3	6.380	4.100	113	5.980	4.300	115	Auto	0.095	0.133	0.048	0.066
4	4	2.500	2.300	23	5.600	1.200	23	Auto	-1.690	0.344	-0.645	0.077
5	5	2.700	2.200	35	2.100	2.200	40	Auto	0.273	0.233	0.135	0.113
6	6	30.600	23.500	50	34.500	23.500	25	Auto	-0.166	0.245	-0.078	0.115
7	7	3.700	2.000	138	3.600	2.100	78	Auto	0.049	0.142	0.024	0.068
8	8	2.900	1.600	119	3.100	1.700	58	Auto	-0.122	0.160	-0.057	0.075
9	9	26.000	21.000	58	36.000	19.000	58	Auto	-0.499	0.189	-0.242	0.086
10	10	3.000	2.300	315	3.300	2.400	358	Auto	-0.127	0.077	-0.063	0.038
11	11	6.900	5.600	10	7.900	5.700	10	Auto	-0.177	0.448	-0.088	0.221
12	12	44.500	24.500	50	48.000	22.000	25	Auto	-0.148	0.245	-0.069	0.115
13	13	24.400	16.900	145	33.200	17.100	73	Auto	-0.519	0.146	-0.238	0.063
14												
15												

圖 1-13　CMA 不同效果值指標互換的分析實例：標準化平均數差異效果值與相關係數間之互換

第 2 章

原始資料的建檔與
分析基本步驟

效果值原始資料的建檔是 CMA 初學者必須先學會的基本功。因為整合分析的效果值計算相當多元，會因不同類別的效果值而有不同的建檔格式，常讓使用者感到困擾；因此，CMA 提供了「100 個內定建檔格式」與「常用建檔格式」的選擇。一般研究者通常點選「常用建檔格式」，就可找到自己所需要的格式。以下係 CMA 的基本操作流程（讀者可以配合第 8 章 CMA 的首航，交互參照練習之），將依編碼之順序❶～⓭，逐一圖示說明如下。

◆ 一、設定研究名稱

點選 CMA 表單的「Insert」下「Column for...」的「Study names」（參見圖 2-1 之頂端❶），在 CMA 的編輯視窗第一列上緣就會出現「Study names」，以讓研究者在其欄位下輸入研究的名稱或年代。

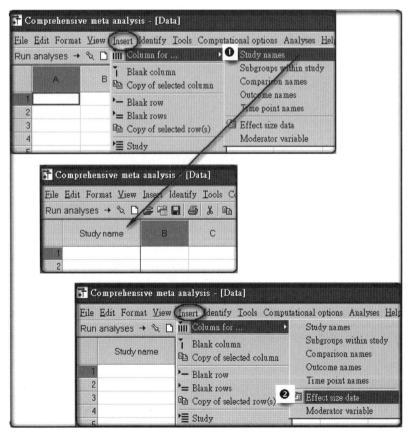

圖 2-1　CMA 研究名稱的設定與效果值原始資料的檔案格式設定

◆ 二、設定效果值的原始資料格式

接著，點選CMA表單「Insert」下「Column for...」的「Effect size data」（參見圖2-1之底部❷），就會出現圖2-2之「常用建檔格式」及「所有100個內定建檔格式」的選單。

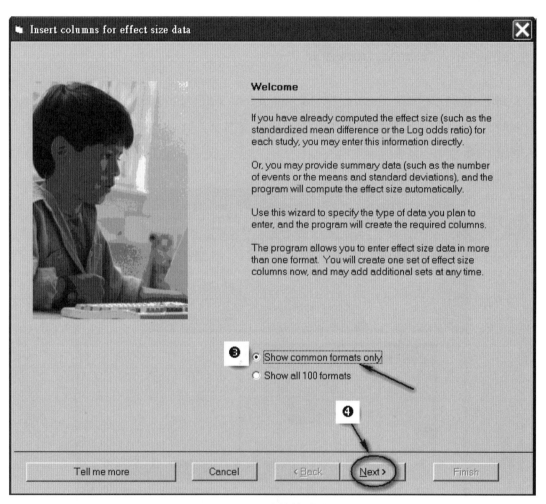

圖 2-2　CMA 建檔格式的選擇

三、選擇常用資料格式或所有 100 種格式

常用資料格式已事先內定好，這是 CMA 的強項，可省去研究者選用正確資料格式的困擾。圖 2-2 中的❸，顯示了筆者選用常用資料格式，讀者亦可選擇所有 100 種格式。依你所蒐集之研究中所出現的統計量，選擇你的資料輸入格式，一般選擇常用資料格式即可滿足需求。按下「Next」確認鈕（❹）後，就可進行資料格式之設定了。

四、進行研究類型之設定

依照你的研究類型，選擇研究型態，CMA 提供四大類別型態（詳見第五節敘述）。圖 2-3 係 CMA 效果值輸入精靈，即在於要求研究者進行研究資料類型的設定。本例筆者選擇了雙組資料的研究設計（❺）。選定之後，就可按下「Next」確認鈕（❻）。

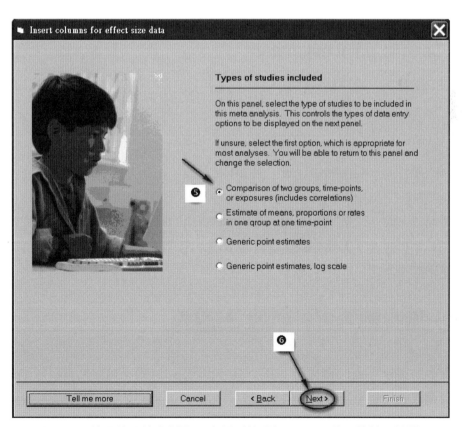

圖 2-3　效果值原始資料的研究類型的選擇：CMA 效果值輸入精靈

◆ 五、設定待分析原始資料的研究類型

由圖 2-3 中❺的內容知悉，CMA 提供四大類別輸入資料型態的選擇。

（一）Comparison of two groups, times-points, or exposures（includes correlations）

涉及雙組研究設計的資料，資料的屬性可為類別性、連續性、相關性與比率性。

（二）Estimate of means, proportions or rates in one group at one time-point

涉及單組研究設計的資料，資料的屬性可為類別性、連續性與比率性。

（三）Generic point estimates

資料的屬性為一般性點估計值。

（四）Generic point estimates, log scale

資料的屬性為一般性點估計值，但為 log 量尺。

一般而言，萬一研究者無法立即確定原始資料的研究類型，請選擇第（一）類型，因第（一）類型包含了大部分研究資料之情境；第（二）類型則涉及單組研究設計之資料，使用頻率次之。

◆ 六、進行輸入資料型態之選擇

按圖 2-3 中的「Next」確認鈕（❻），就會出現圖 2-4 效果值原始資料類型的選單，供研究者選取效果值原始資料的類型。

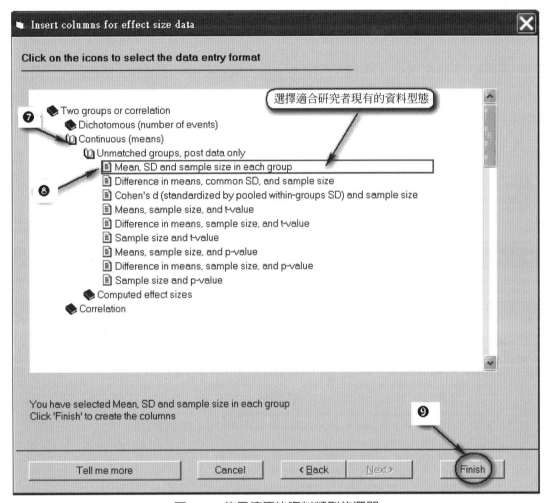

圖 2-4　效果值原始資料類型的選單

　　圖 2-4 內容係涉及雙組研究設計（Two groups or correlation）之原始資料類型的選單，設定過程涉及❼、❽、❾等步驟，其相關細節如下。

◆七、設定資料型態

　　原始資料型態在圖 2-4 中提供類別、連續性或相關性等三類。本例筆者選擇了「Continuous（means）」（❼），並打開「Unmatched groups, post data only」選目。

◆ 八、設定待輸入統計量型態

統計量型態在圖 2-4 中提供有：Mean、SD 或 N；d 和 N；Mean、N 或 t；Mean、N 或 P；N、t 等九種統計量型態，請依各研究中可用的原始資料型態進行選擇。本例筆者選擇了「Mean, SD and sample size in each group」（❽）。接著，按下「Finish」按鈕（圖 2-4 中之❾），就會出現圖 2-5 視窗。

◆ 九、進行輸入原始資料格式的自動設定

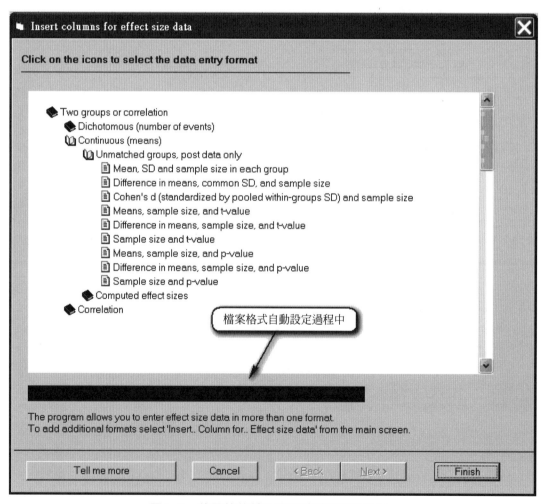

圖 2-5　效果值的輸入資料格式自動設定中

圖 2-5 係原始資料格式的自動設定過程畫面，之後就會出現圖 2-6 的組別名稱設定視窗。

十、設定組別名稱

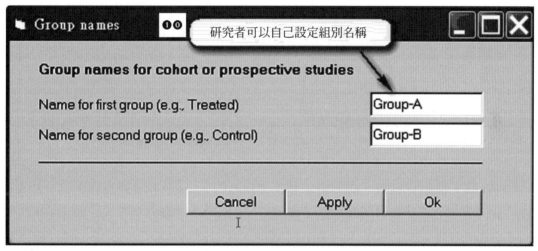

圖 2-6　組別名稱的設定

研究者如欲界定自己研究的組別名稱，可以利用圖 2-6 之組別名稱設定視窗，將內定的「Group-A」與「Group-B」替換掉（❶❷）。按下「OK」鍵之後，CMA 就會顯示剛剛選定資料格式的資料編輯視窗（如圖 2-7 所示），等待你輸入資料。

十一、原始資料的輸入或匯入

CMA 資料編輯視窗中的分析數據，研究者可以（一）自行建立（參見圖 2-7），亦可（二）從其他應用軟體匯入（參見圖 2-13），兩者的原始資料建立方法有些差異。另外，除了以上兩種輸入方法之外，筆者亦針對多重資料格式的輸入方法，進行介紹。茲將以上三種資料的建立方法，逐一說明如下。

（一）自行輸入原始資料

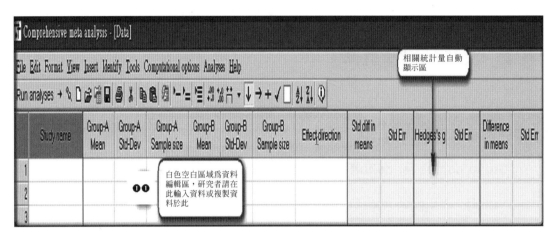

圖 2-7　效果值原始資料的輸入資料格式：兩組平均數差異效果值

　　自行輸入原始資料時，研究者須利用 CMA 的「Insert」功能表單下之「Effect size data」，建立研究資料所需的格式與欄位（如圖 2-7 之❶❶所示）；如欲從其他程式匯入原始資料，則須使用「Identify」功能表單以辨識各欄位之功能：哪一欄位存放研究名稱、哪一欄位存放效果值資料。另外，由圖 2-8 的表單可知，為了適應多元的研究設計與資料存在型態，CMA 尚提供「Subgroups within study」次群體變項建立、「Comparison names」多個比較名稱變項的建立、「Outcome names」多重研究結果變項的建立與「Time point names」多個時間點資料的建立（相關之操作細節，請參見第 6 章說明）。

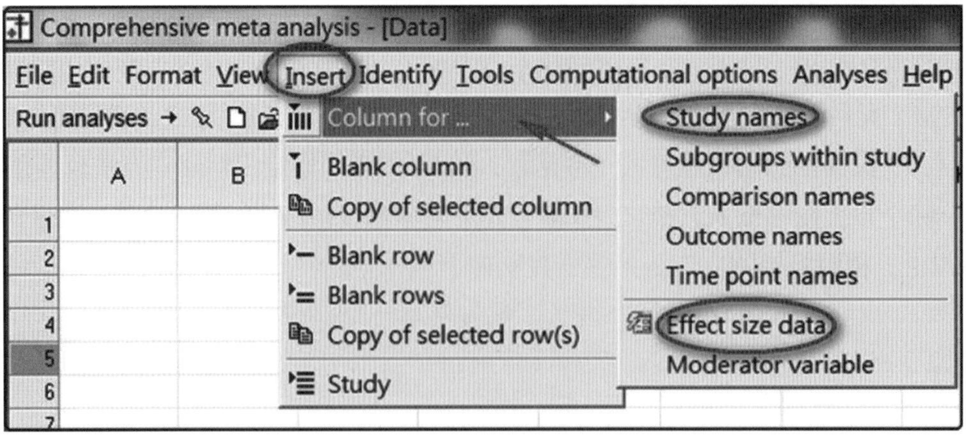

圖 2-8　利用 CMA「Insert」建立新的「Effect size data」之格式與欄位

原始資料的輸入過程中，難免有拷貝（Copy）、貼入（Past）、剪刪（Cut or delete）行列之動作，此時研究者可以善用 CMA 之「Edit」下之功能表單（如圖 2-9 內容所示），進行資料編輯工作。

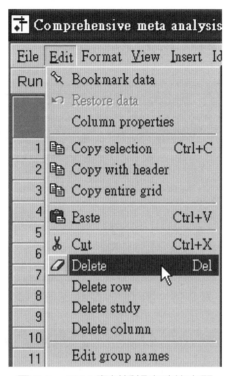

圖 2-9　CMA 資料編輯之功能表單

（二）從其他程式匯入原始資料

CMA 允許研究者從其他軟體（如 Excel、STATA、SPSS）匯入原始資料（Import data），其匯入過程簡述如下：

第一、利用「CTRL-C」拷貝存在其他軟體的檔案內容，再利用「CTRL-V」貼入 CMA 資料編輯視窗內；

第二、利用 CMA 的「Identify」功能，設定「Study names」的所在欄位；

第三、利用 CMA 的「Identify」功能，設定「Effect size data」的格式與存放所在欄位。「Identify」功能與「Insert」的功能最大差異處，在於前者係用來辨識匯入資料中各欄位之屬性，而後者係用來建立新的「Effect size data」格式與存放之所在

欄位。

　　茲舉 Excel 表單為例，說明如何將效果值資料匯入 CMA 資料編輯器中。匯入之前，先建立一新的 CMA 空白表單。建立新的 CMA 空白表單有兩種方式：一為利用 CMA 的 File → New →「Blank file」，請參閱圖 2-10；另一為利用 CMA 的 File → Opening screen wizard →「Start a blank spreadsheet」，請參閱圖 2-11 內之選單；此圖 2-11 之歡迎視窗，係啟動 CMA 時之初始畫面。

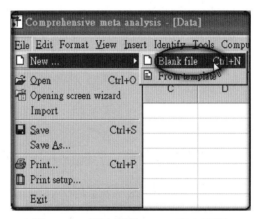

圖 2-10　建立新的 CMA 空白表單

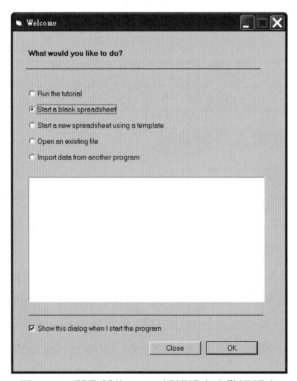

圖 2-11　開啟新的 CMA 編輯視窗之歡迎視窗

假如研究者想進一步了解如何從其他程式匯入資料，可以點選圖 2-11 的 CMA 歡迎視窗（開啓 CMA 時也會顯示此視窗）內之「Run the tutorial」與「Import data from another program」。

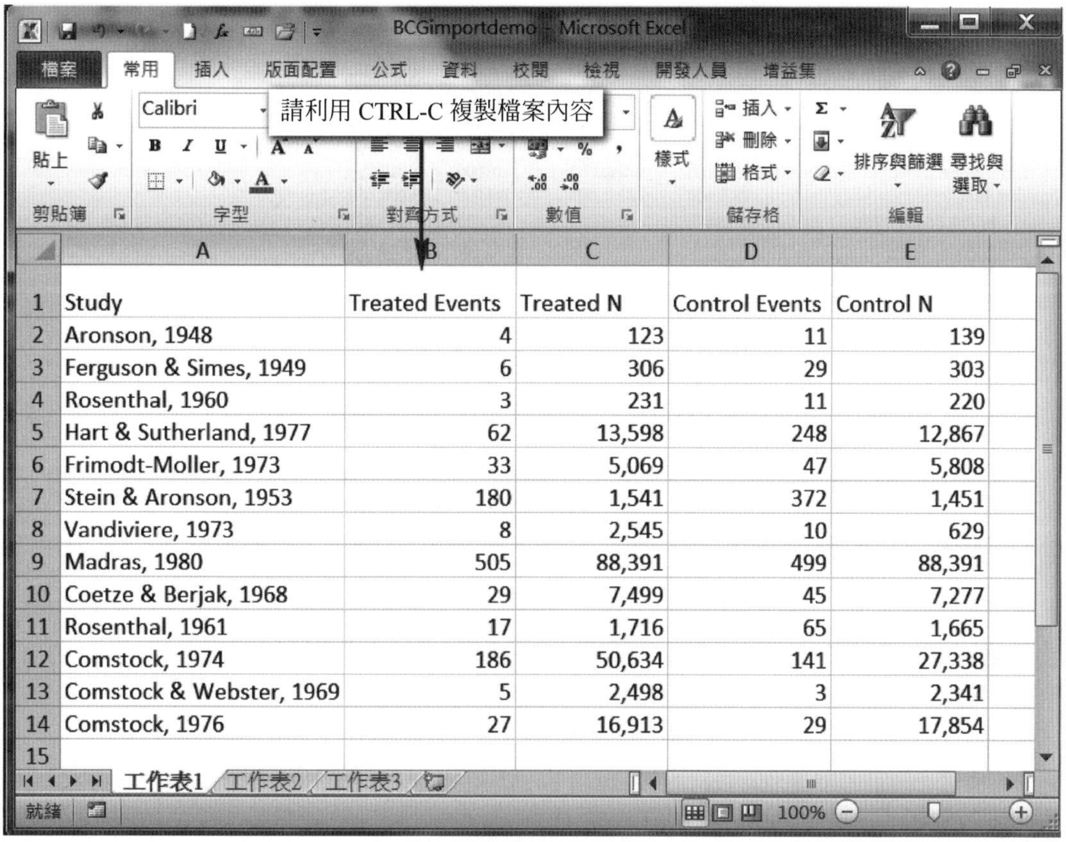

	A	B	C	D	E
1	Study	Treated Events	Treated N	Control Events	Control N
2	Aronson, 1948	4	123	11	139
3	Ferguson & Simes, 1949	6	306	29	303
4	Rosenthal, 1960	3	231	11	220
5	Hart & Sutherland, 1977	62	13,598	248	12,867
6	Frimodt-Moller, 1973	33	5,069	47	5,808
7	Stein & Aronson, 1953	180	1,541	372	1,451
8	Vandiviere, 1973	8	2,545	10	629
9	Madras, 1980	505	88,391	499	88,391
10	Coetze & Berjak, 1968	29	7,499	45	7,277
11	Rosenthal, 1961	17	1,716	65	1,665
12	Comstock, 1974	186	50,634	141	27,338
13	Comstock & Webster, 1969	5	2,498	3	2,341
14	Comstock, 1976	27	16,913	29	17,854
15					

圖 2-12　Excel 效果值原始資料：BCG Vaccination

以 Excel 匯入原始資料爲例，首先使用 Excel 建立好 BCG Vaccination 數據（如圖 2-12），因 Excel 的欄位名稱必須放在第一行，利用 Excel 建檔時就必須將「Study」、「Treated Events」等變項名稱放在第一行。接著，研究者就可以利用「CTRL-C」拷貝檔案內容（須先標示欲拷貝欄位之範圍），再利用「CTRL-V」貼入 CMA 資料編輯視窗內，參見圖 2-13。

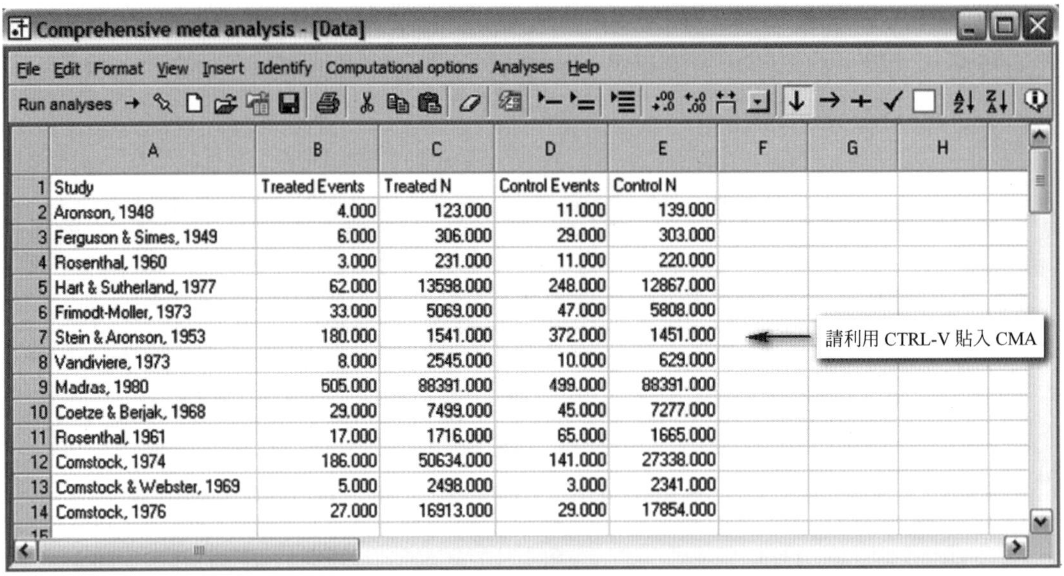

圖 2-13　從其他程式匯入 CMA 表單

其次，因 CMA 的欄位名稱必須從資料欄中移到表單各欄位之頂端列，研究者須點選「Format」之操作視窗，再點選「Use first row as labels」（參見圖 2-14 內側小視窗），將「Study」、「Treated Events」等變項名稱從 CMA 表單圖 2-13 的第一行中去除，並將之匯入 CMA 的各欄位頂端（如圖 2-14 的 A～E 的名稱已被替換），當作 CMA 表單的欄位標題。

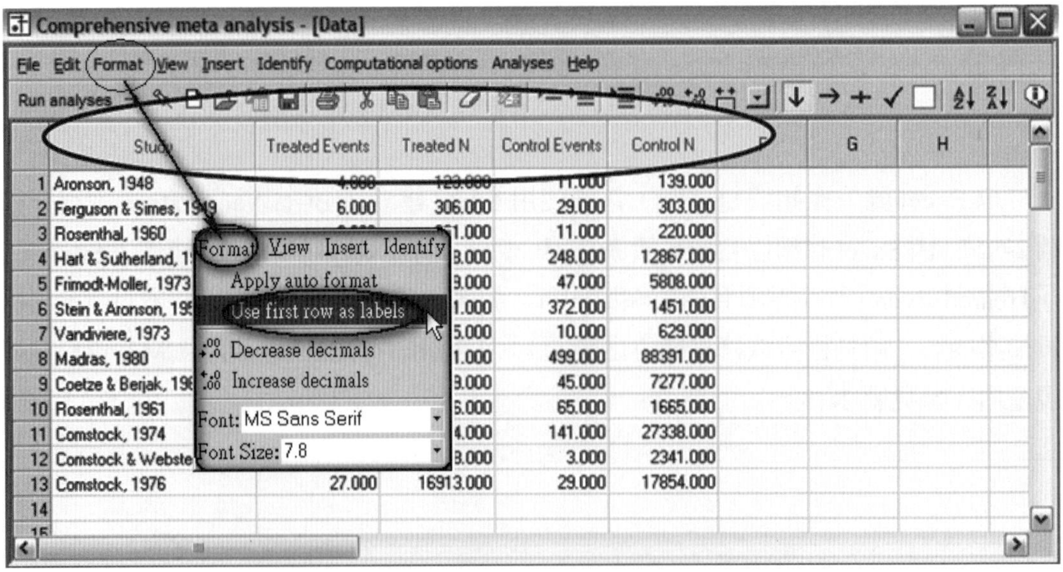

圖 2-14　將變項名稱放入 CMA 表單的欄位標題

接著，進行研究名稱欄位的辨識，以確認研究名稱放在哪一欄位，通常置於第一欄位。確認順序，請參見圖 2-15 之先後操作步驟，CMA 會自動設定第一欄位為 Study names 的所在欄位，使用者只要在「Confirm」表單上，按下「確定」鈕即可。

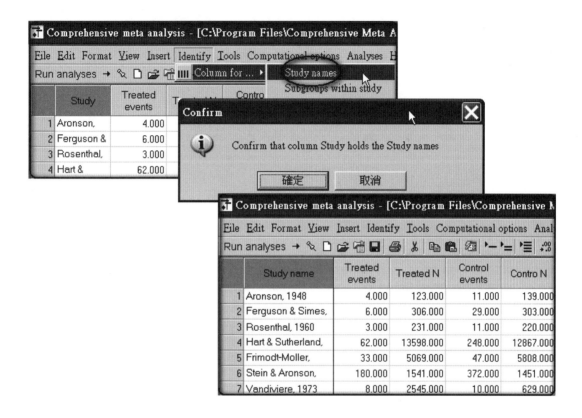

圖 2-15　利用 CMA「Identify」功能辨識「研究名稱」欄位

其次，利用 CMA「Identify → Column for...」下之「Effect size data」，進行研究效果值資料欄位的辨識，以確認相關資料之名稱應放在哪一欄位。確認順序與自建資料的過程相似，請參見圖 2-16～圖 2-19。

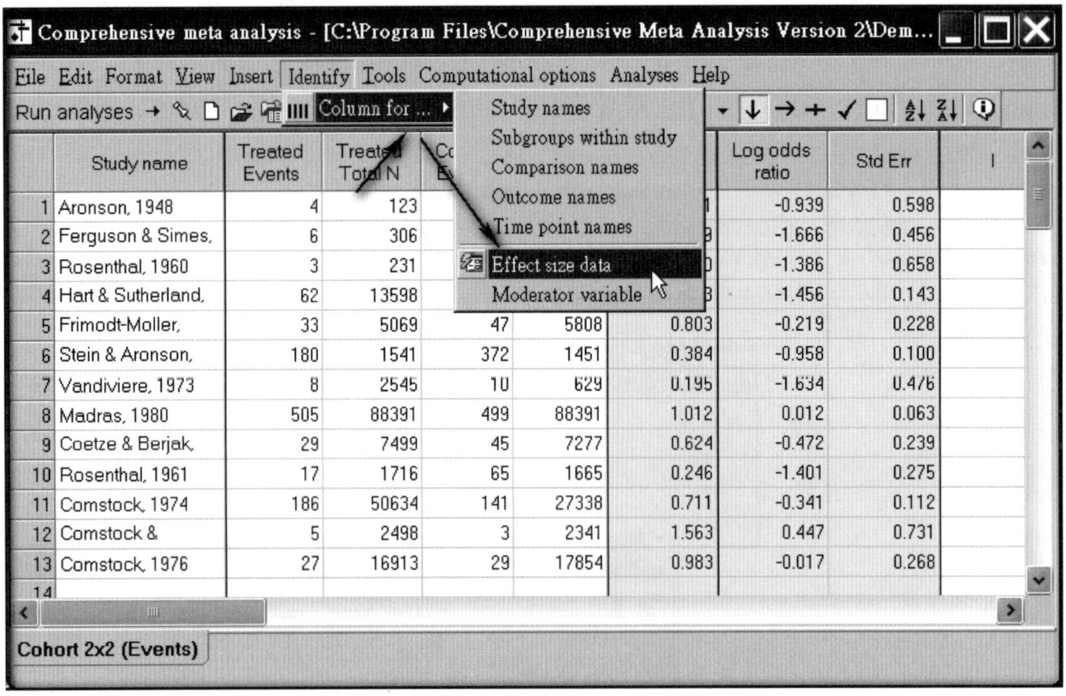

圖 2-16　利用 CMA「Identify」功能辨識「原始資料或效果值資料」欄位

　　圖 2-16 中之數據為 BCG Vacination 流行病學研究資料。流行病學上經常採用的兩種追蹤危險因子的方法：（一）世代研究（Cohort Study）或稱前瞻性追蹤研究（Prospective study）與（二）病例 — 對照研究（Case-Control）或稱事後回溯研究（Retrospective Study）。研究者可以據此定義，利用圖 2-17 中 CMA 的「Identify」功能，辨識「研究設計或測量屬性」。

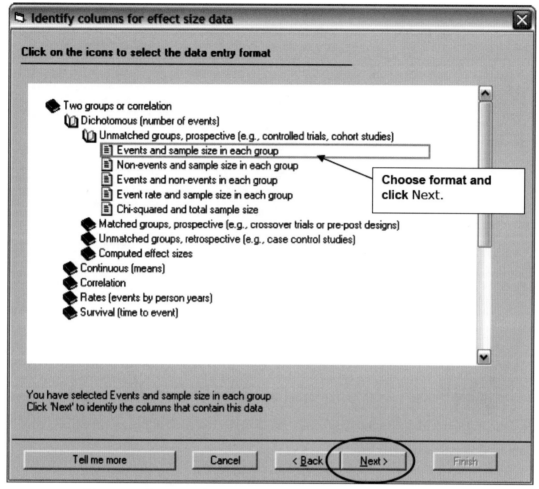

圖 2-17　利用 CMA「Identify」功能辨識「研究設計或測量屬性」

　　由圖 2-17 中所選定表目「Events and sample size in each group」可知，研究設計係獨立樣本的雙組追蹤研究，而測量屬性係類別變項，即將開啟的 CMA 表單欄位，可供輸入事件發生次數或人數與各研究之樣本大小（須與待匯入之資料內容相符）。至於圖 2-17 中的人年（person-years），係指追蹤觀察人數與追蹤時間的相乘積，例如：追蹤 10 人長達 10 年之久，則這群人共貢獻 10 人 ×10 年 = 100 人年。

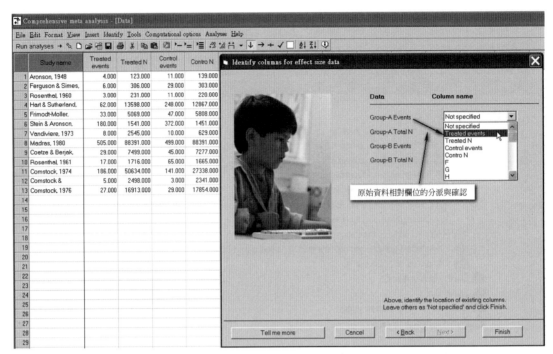

圖 2-18　利用 CMA「Identify」功能辨識「效果值資料」各組所在欄位

　　當研究者按下圖 2-17 底部之「Next」鍵之後，就會出現圖 2-18 之視窗。圖 2-18～圖 2-19 係利用 CMA「Identify」功能，辨識各組「效果值資料」所在欄位的過程，Data 與 Column name 須正確配對。

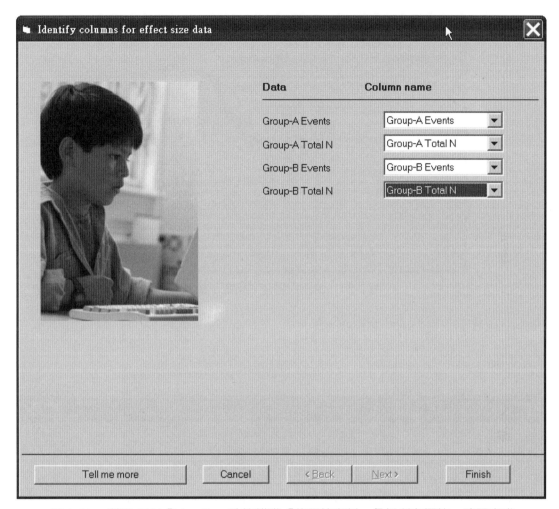

圖 2-19　利用 CMA「Identify」功能辨識「效果值資料」各組所在欄位：確認完成

　　如果欄位名稱須更正，請利用圖 2-20 之 CMA 組別與事件名稱更正視窗，進行修正。

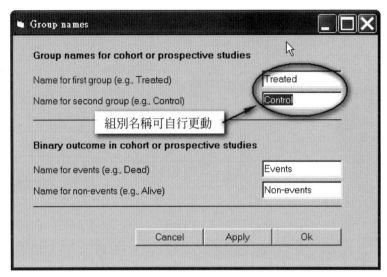

圖 2-20　組別與事件名稱更正視窗

　　圖 2-21 係 Excel 資料成功匯入 CMA 資料編輯器的狀態，研究者即可開始進行統計分析了。

	Study name	Treated Events	Treated Total N	Control Events	Control Total N	Odds ratio	Log odds ratio	Std Err	
1	Aronson, 1948	4	123	11	139	0.391	-0.939	0.598	
2	Ferguson & Simes,	6	306	29	303	0.189	-1.666	0.456	
3	Rosenthal, 1960	3	231	11	220	0.250	-1.386	0.658	
4	Hart & Sutherland,	62	13598	248	12867	0.233	-1.456	0.143	
5	Frimodt-Moller,	33	5069	47	5808	0.803	-0.219	0.228	
6	Stein & Aronson,	180	1541	372	1451	0.384	-0.958	0.100	
7	Vandiviere, 1973	8	2545	10	629	0.195	-1.634	0.476	
8	Madras, 1980	505	88391	499	88391	1.012	0.012	0.063	
9	Coetze & Berjak,	29	7499	45	7277	0.624	-0.472	0.239	
10	Rosenthal, 1961	17	1716	65	1665	0.246	-1.401	0.275	
11	Comstock, 1974	186	50634	141	27338	0.711	-0.341	0.112	
12	Comstock &	5	2498	3	2341	1.563	0.447	0.731	
13	Comstock, 1976	27	16913	29	17854	0.983	-0.017	0.268	
14									

Cohort 2x2 (Events)

圖 2-21　資料成功匯入 CMA 的狀態

（三）多重資料格式的輸入方法

事實上，並非每一筆研究結果均使用同一種資料格式，有些研究報告可能只呈現原始數據（如事件發生次數與 N），有些研究可能只呈現計算好的效果值資料〔如勝算比、信賴區間（CI）〕。CMA 為了便利使用者可以同時匯入不同格式的數據，允許使用者多次利用「Insert → Column for... → Effect size data」（或由圖 2-22 之「Insert columns for effect size data」的功能表單），建立多個不同資料格式的輸入編輯區塊，以利研究者在同一表單中建立不同格式的資料（如圖 2-23 所示）。不過，CMA 在內定的狀態下，只會呈現一個資料的輸入區塊，研究者如須同時呈現多個資料的輸入區塊，須點選圖 2-22 內「Show all data entry formats」（請用滑鼠右鍵點選資料輸入欄位的白色區塊，即可跳出此表單），就會呈現圖 2-23 中間的雙重欄位輸入區塊（灰白區塊）。

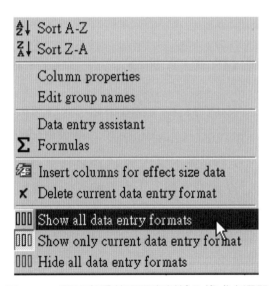

圖 2-22　顯示與隱藏不同資料輸入格式之選單

由圖 2-22 底部可知，同時呈現多個資料的輸入區塊不用時（只呈現黃色區塊內之統計結果），可以關閉之，請點擊「Hide all data entry formats」的表單；如只欲顯示目前的資料格式，請點擊「Show only current data entry format」的表單。

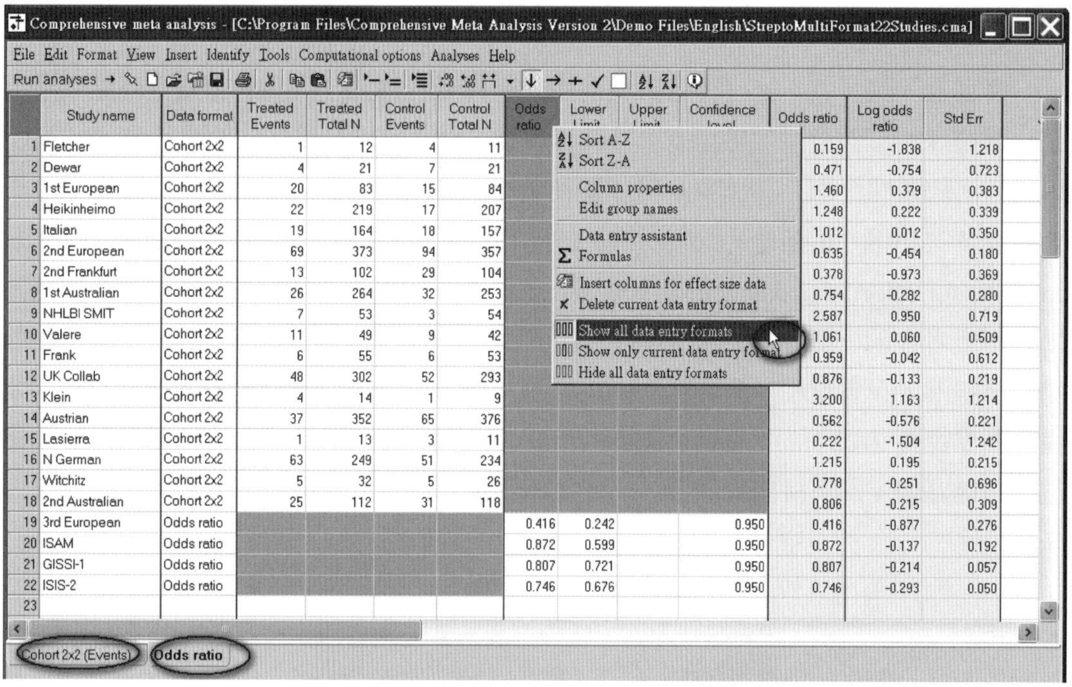

圖 2-23　雙重欄位輸入區塊的建立：內含兩種資料輸入的格式

　　由圖 2-23 底部顯示了兩種資料輸入格式可知，此表單內含兩種輸入格式：一為 Cohort 2x2（Events），一為 Odds ratio。因此，在此表單的中間區塊出現兩個資料類型的資料輸入欄位，第一個資料輸入區內含 18 筆資料，第二個資料輸入區內含 4 筆資料，注意灰色區塊（4〜7 欄位底部）不允許輸入任何資料。同樣地，一個研究的資料輸入格式可為平均數、標準差與樣本大小，另一個研究的資料輸入格式可為 t 值與樣本大小，或者另一個研究的資料輸入格式可為相關係數與樣本大小。CMA 會將不同資料格式的研究結果整合在黃色區塊內（8〜14 欄位），一起進行整合分析。

　　以下簡述如何利用 CMA 將含有兩種不同資料格式的資料，彙整在同一表單中進行整合分析，此種資料輸入與管理，既高明又實用。

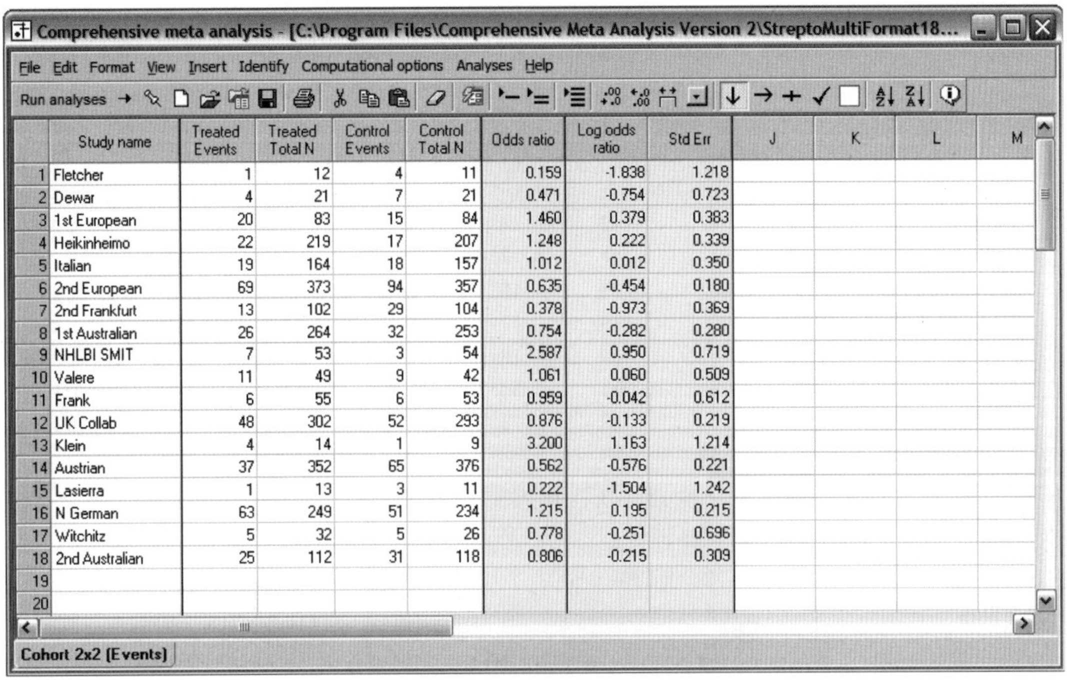

	Study name	Treated Events	Treated Total N	Control Events	Control Total N	Odds ratio	Log odds ratio	Std Err	J	K	L	M
1	Fletcher	1	12	4	11	0.159	-1.838	1.218				
2	Dewar	4	21	7	21	0.471	-0.754	0.723				
3	1st European	20	83	15	84	1.460	0.379	0.383				
4	Heikinheimo	22	219	17	207	1.248	0.222	0.339				
5	Italian	19	164	18	157	1.012	0.012	0.350				
6	2nd European	69	373	94	357	0.635	-0.454	0.180				
7	2nd Frankfurt	13	102	29	104	0.378	-0.973	0.369				
8	1st Australian	26	264	32	253	0.754	-0.282	0.280				
9	NHLBI SMIT	7	53	3	54	2.587	0.950	0.719				
10	Valere	11	49	9	42	1.061	0.060	0.509				
11	Frank	6	55	6	53	0.959	-0.042	0.612				
12	UK Collab	48	302	52	293	0.876	-0.133	0.219				
13	Klein	4	14	1	9	3.200	1.163	1.214				
14	Austrian	37	352	65	376	0.562	-0.576	0.221				
15	Lasierra	1	13	3	11	0.222	-1.504	1.242				
16	N German	63	249	51	234	1.215	0.195	0.215				
17	Witchitz	5	32	5	26	0.778	-0.251	0.696				
18	2nd Australian	25	112	31	118	0.806	-0.215	0.309				
19												
20												

圖 2-24　第一個資料欄位區塊的建立：前 18 個研究

首先，利用 CMA 之「Insert → Column for... → Effect size data」的功能表單，建立第一個資料輸入區塊，並輸入前 18 筆資料，如圖 2-24 內容所示。

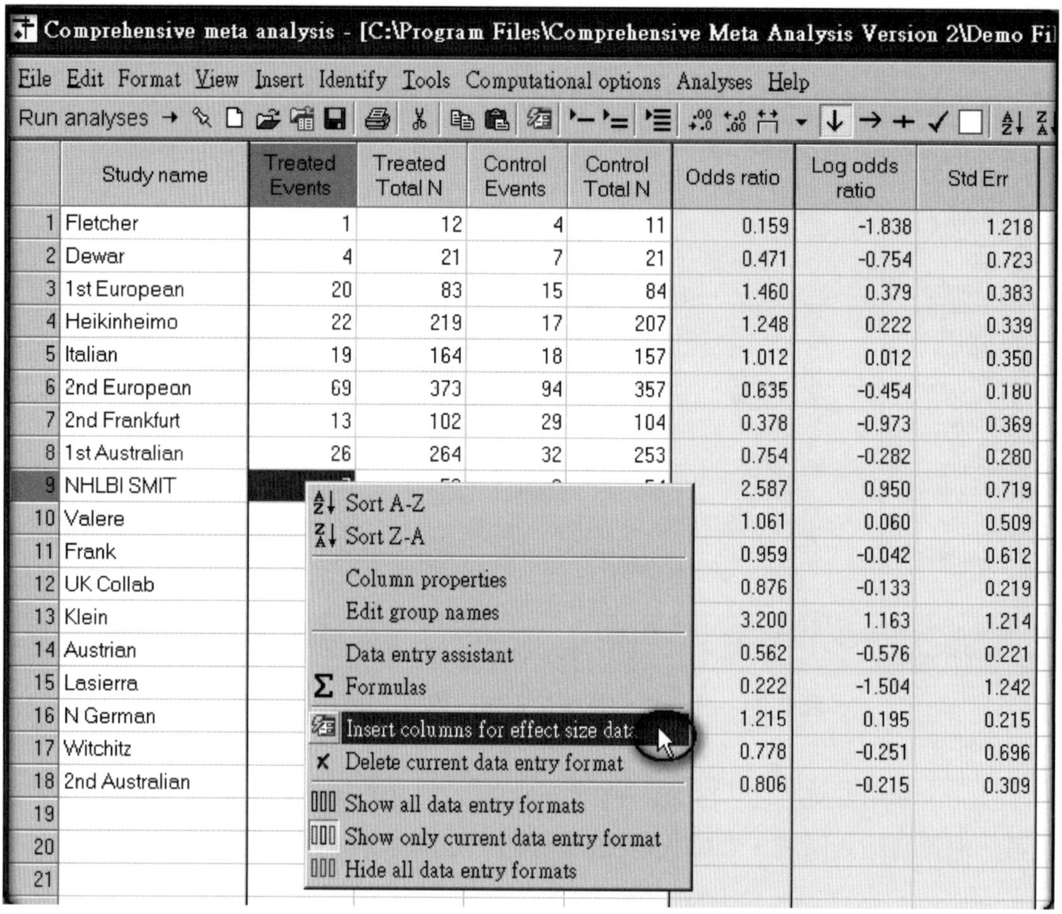

	Study name	Treated Events	Treated Total N	Control Events	Control Total N	Odds ratio	Log odds ratio	Std Err
1	Fletcher	1	12	4	11	0.159	-1.838	1.218
2	Dewar	4	21	7	21	0.471	-0.754	0.723
3	1st European	20	83	15	84	1.460	0.379	0.383
4	Heikinheimo	22	219	17	207	1.248	0.222	0.339
5	Italian	19	164	18	157	1.012	0.012	0.350
6	2nd European	69	373	94	357	0.635	-0.454	0.180
7	2nd Frankfurt	13	102	29	104	0.378	-0.973	0.369
8	1st Australian	26	264	32	253	0.754	-0.282	0.280
9	NHLBI SMIT					2.587	0.950	0.719
10	Valere					1.061	0.060	0.509
11	Frank					0.959	-0.042	0.612
12	UK Collab					0.876	-0.133	0.219
13	Klein					3.200	1.163	1.214
14	Austrian					0.562	-0.576	0.221
15	Lasierra					0.222	-1.504	1.242
16	N German					1.215	0.195	0.215
17	Witchitz					0.778	-0.251	0.696
18	2nd Australian					0.806	-0.215	0.309
19								
20								
21								

圖 2-25　第二個資料欄位區塊的建立：後 4 個研究

接著，利用 CMA 之「Insert → column for... → effect size data」的功能表單（請用滑鼠右鍵點選資料輸入欄位的白色區塊），可跳出此表單，選取第二個不同資料格式的輸入區塊，其操作過程如圖 2-25 與圖 2-26 所示。

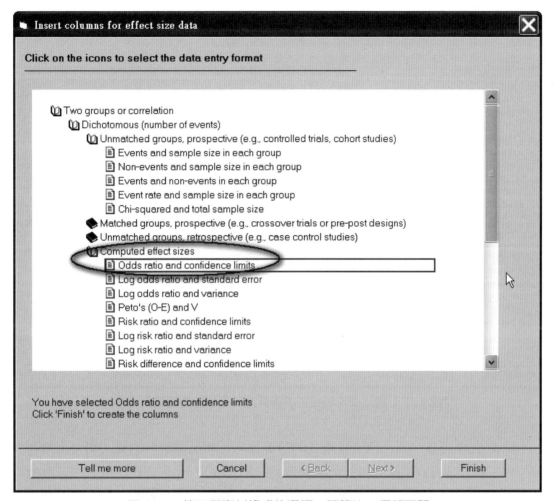

圖 2-26　第二個資料格式的選擇：勝算比、信賴區間

　　由圖 2-26 得知，第二個資料格式的選擇為勝算比（Odds ratio）、信賴區間（Confidence limits）。按下「Finish」鍵之後，就會出現圖 2-27 底部的輸入區塊（灰色區塊之下）。

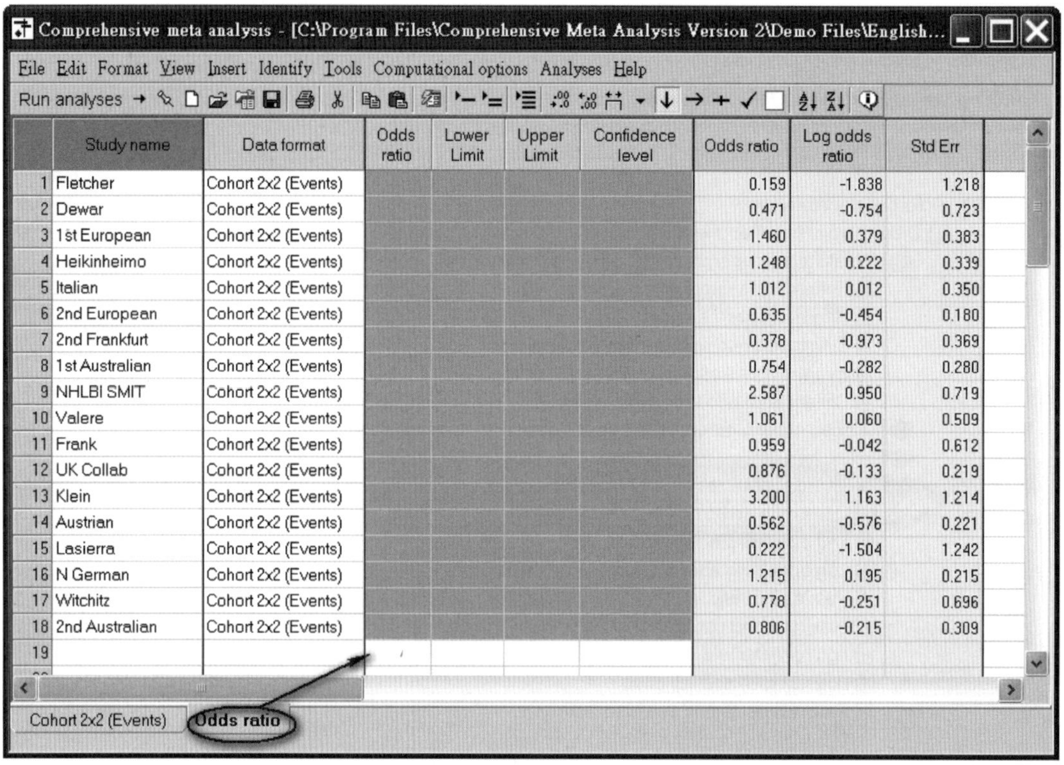

	Study name	Data format	Odds ratio	Lower Limit	Upper Limit	Confidence level	Odds ratio	Log odds ratio	Std Err
1	Fletcher	Cohort 2x2 (Events)					0.159	-1.838	1.218
2	Dewar	Cohort 2x2 (Events)					0.471	-0.754	0.723
3	1st European	Cohort 2x2 (Events)					1.460	0.379	0.383
4	Heikinheimo	Cohort 2x2 (Events)					1.248	0.222	0.339
5	Italian	Cohort 2x2 (Events)					1.012	0.012	0.350
6	2nd European	Cohort 2x2 (Events)					0.635	-0.454	0.180
7	2nd Frankfurt	Cohort 2x2 (Events)					0.378	-0.973	0.369
8	1st Australian	Cohort 2x2 (Events)					0.754	-0.282	0.280
9	NHLBI SMIT	Cohort 2x2 (Events)					2.587	0.950	0.719
10	Valere	Cohort 2x2 (Events)					1.061	0.060	0.509
11	Frank	Cohort 2x2 (Events)					0.959	-0.042	0.612
12	UK Collab	Cohort 2x2 (Events)					0.876	-0.133	0.219
13	Klein	Cohort 2x2 (Events)					3.200	1.163	1.214
14	Austrian	Cohort 2x2 (Events)					0.562	-0.576	0.221
15	Lasierra	Cohort 2x2 (Events)					0.222	-1.504	1.242
16	N German	Cohort 2x2 (Events)					1.215	0.195	0.215
17	Witchitz	Cohort 2x2 (Events)					0.778	-0.251	0.696
18	2nd Australian	Cohort 2x2 (Events)					0.806	-0.215	0.309
19									

圖 2-27　第二個資料格式的勝算比、信賴區間的輸入欄位

由圖 2-27 可知，第二個資料格式的勝算比、信賴區間資料的輸入欄位出現在表單中央，第二個資料型態的研究名稱與數據，將接在第 18 筆資料之後，統計數據請於灰色區塊（4～7 欄位）之下繼續輸入。圖 2-28 係研究名稱與統計數據資料輸入完成之後的表單。研究者如欲切換到第一個資料格式欄位，請點選圖 2-28 底部的「Cohort 2x2（Events）」。

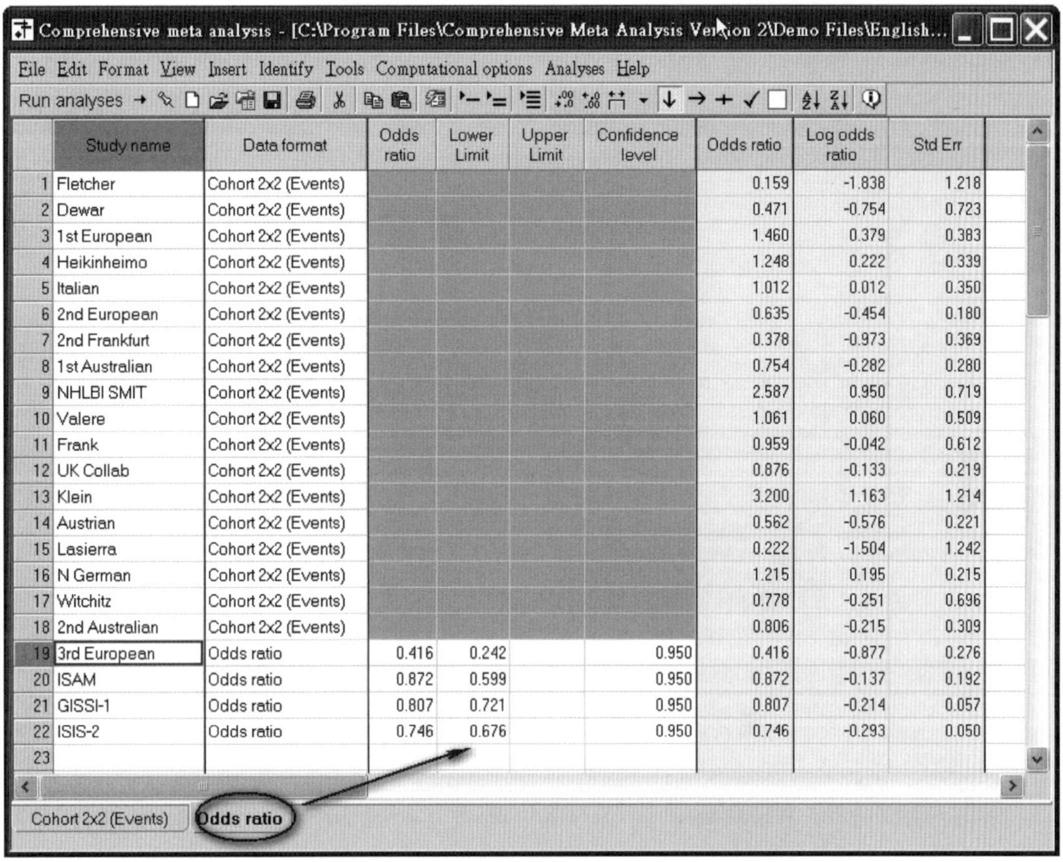

圖 2-28　第二個欄位區塊的建立：後 4 個研究

　　注意，由圖 2-28 得知研究者只要輸入各研究效果值之下限數據（Lower limit）即可，上限數據（Upper limit）可以省略。

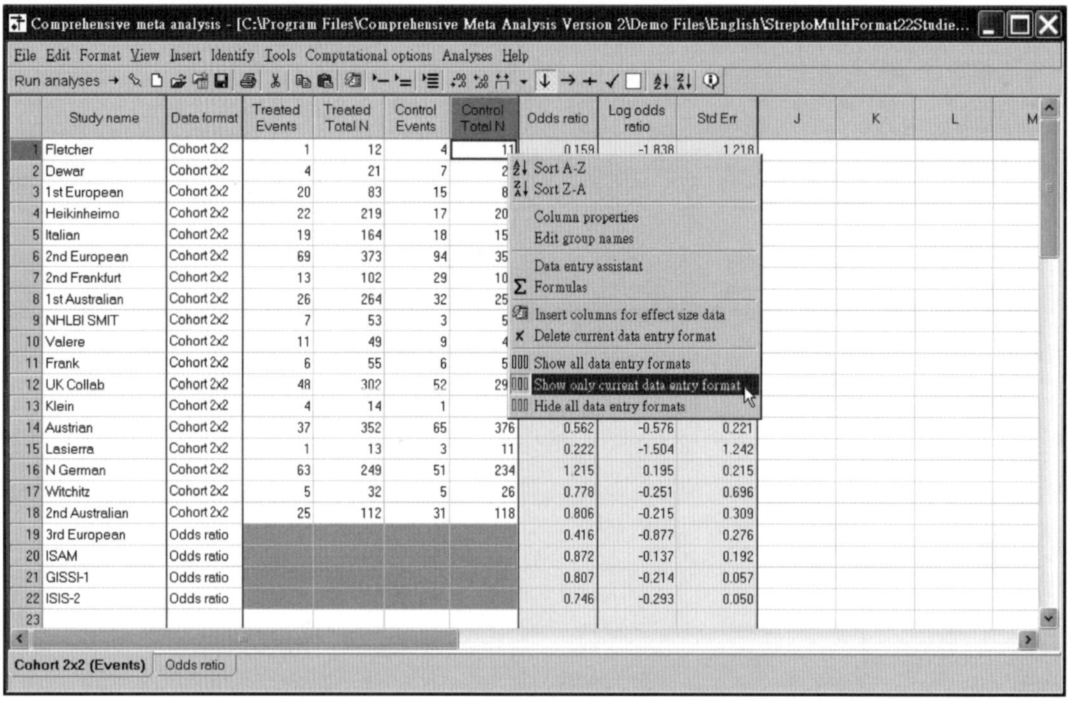

圖 2-29　CMA 顯示目前資料輸入之表單

　　請用滑鼠右鍵點選資料輸入欄位的白色區塊（4～7 欄位），即可跳出圖 2-29 內側之小表單。利用圖 2-29 內側表單「Show only current data entry format」，CMA 就只顯示目前資料輸入之表單。若點擊圖 2-29 內側表單「Hide all data entry formats」，CMA 就會隱藏所有已輸入的資料，只呈現黃色區塊（8～10 欄位）之統計結果，如圖 2-30 所示。

	Study name	Data format	Odds ratio	Log odds ratio	Std Err	J	K	L
1	Fletcher	Cohort 2x2	0.159	-1.838	1.218			
2	Dewar	Cohort 2x2	0.471	-0.754	0.723			
3	1st European	Cohort 2x2	1.460	0.379	0.383			
4	Heikinheimo	Cohort 2x2	1.248	0.222	0.339			
5	Italian	Cohort 2x2	1.012	0.012	0.350			
6	2nd European	Cohort 2x2	0.635	-0.454	0.180			
7	2nd Frankfurt	Cohort 2x2	0.378	-0.973	0.369			
8	1st Australian	Cohort 2x2	0.754	-0.282	0.280			
9	NHLBI SMIT	Cohort 2x2	2.587	0.950	0.719			
10	Valere	Cohort 2x2	1.061	0.060	0.509			
11	Frank	Cohort 2x2	0.959	-0.042	0.612			
12	UK Collab	Cohort 2x2	0.876	-0.133	0.219			
13	Klein	Cohort 2x2	3.200	1.163	1.214			
14	Austrian	Cohort 2x2	0.562	-0.576	0.221			
15	Lasierra	Cohort 2x2	0.222	-1.504	1.242			
16	N German	Cohort 2x2	1.215	0.195	0.215			
17	Witchitz	Cohort 2x2	0.778	-0.251	0.696			
18	2nd Australian	Cohort 2x2	0.806	-0.215	0.309			
19	3rd European	Odds ratio	0.416	-0.877	0.276			
20	ISAM	Odds ratio	0.872	-0.137	0.192			
21	GISSI-1	Odds ratio	0.807	-0.214	0.057			
22	ISIS-2	Odds ratio	0.746	-0.293	0.050			

圖 2-30　隱藏所有已輸入資料之表單

　　研究者如欲恢復已輸入資料的欄位，請點擊圖 2-30 底部的資料格式選單〔Cohort 2x2（Events）、Odds ratio〕或點擊圖 2-30「Data format」欄位下之資料格式。

◆十二、效果值正負方向的設定

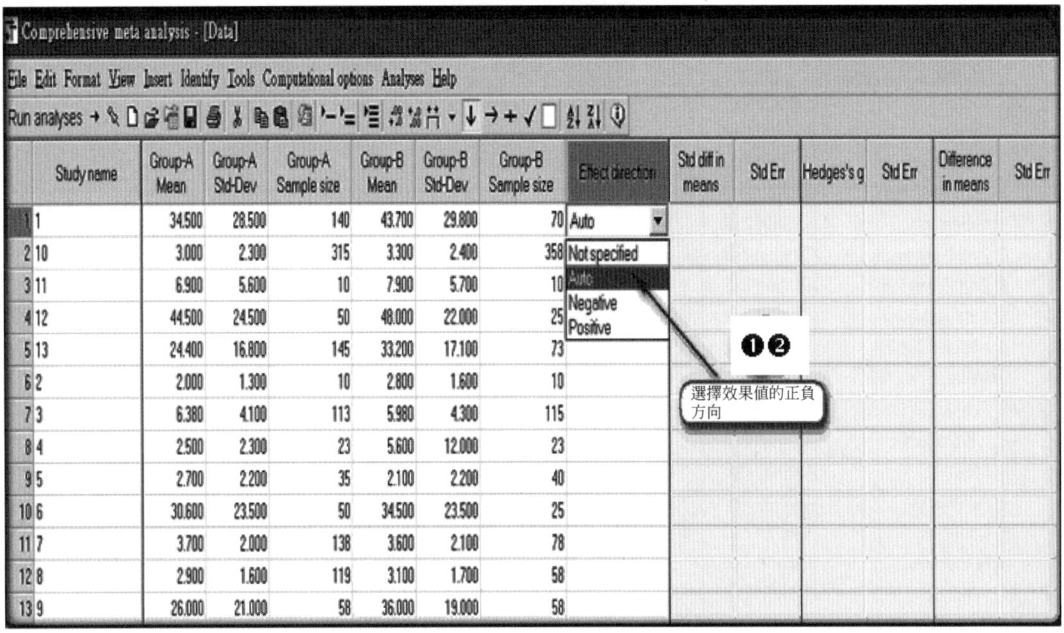

圖 2-31　效果值正負方向的設定

　　研究者可以利用滑鼠逐一設定效果值的正負方向，如欲連續將各研究之效果值的正負方向設定為「Auto」，可以左手按下「A」鍵，右手按下「Enter」鍵，可快速向下進行連續性的方向設定（如圖 2-31 的❶❷所示）；其他效果值正負方向的設定，依此類推，參見圖 2-31～2-32。

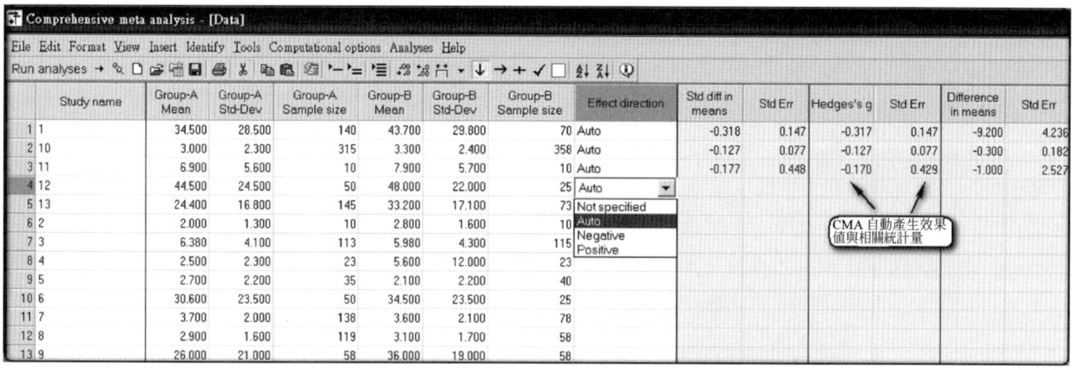

Comprehensive meta analysis - [Data]

File Edit Format View Insert Identify Tools Computational options Analyses Help

Run analyses → ✎ □ ☞ ☜ ⊟ ⎙ ✂ 📋 📋 ✎ '─ '═ �'≡ '≣ → ↓ → + ✓ □ ⧩⧨ ⑨

	Study name	Group-A Mean	Group-A Std-Dev	Group-A Sample size	Group-B Mean	Group-B Std-Dev	Group-B Sample size	Effect direction	Std diff in means	Std Err	Hedges's g	Std Err	Difference in means	Std Err
1	1	34.500	28.500	140	43.700	29.800	70	Auto	-0.318	0.147	-0.317	0.147	-9.200	4.236
2	10	3.000	2.300	315	3.300	2.400	358	Auto	-0.127	0.077	-0.127	0.077	-0.300	0.182
3	11	6.900	5.600	10	7.900	5.700	10	Auto	-0.177	0.448	-0.170	0.429	-1.000	2.527
4	12	44.500	24.500	50	48.000	22.000	25	Auto						
5	13	24.400	16.800	145	33.200	17.100	73	Not specified						
6	2	2.000	1.300	10	2.800	1.600	10	Auto						
7	3	6.380	4.100	113	5.980	4.300	115	Negative						
8	4	2.500	2.300	23	5.600	12.000	23	Positive						
9	5	2.700	2.200	35	2.100	2.200	40							
10	6	30.600	23.500	50	34.500	23.500	25							
11	7	3.700	2.000	138	3.600	2.100	78							
12	8	2.900	1.600	119	3.100	1.700	58							
13	9	26.000	21.000	58	36.000	19.000	58							

CMA 自動產生效果值與相關統計量

圖 2-32　資料輸入與效果值方向確認後，自動計算效果值：出現在黃色區塊（10 欄位以後）

◆ 十三、執行 CMA 的統計分析

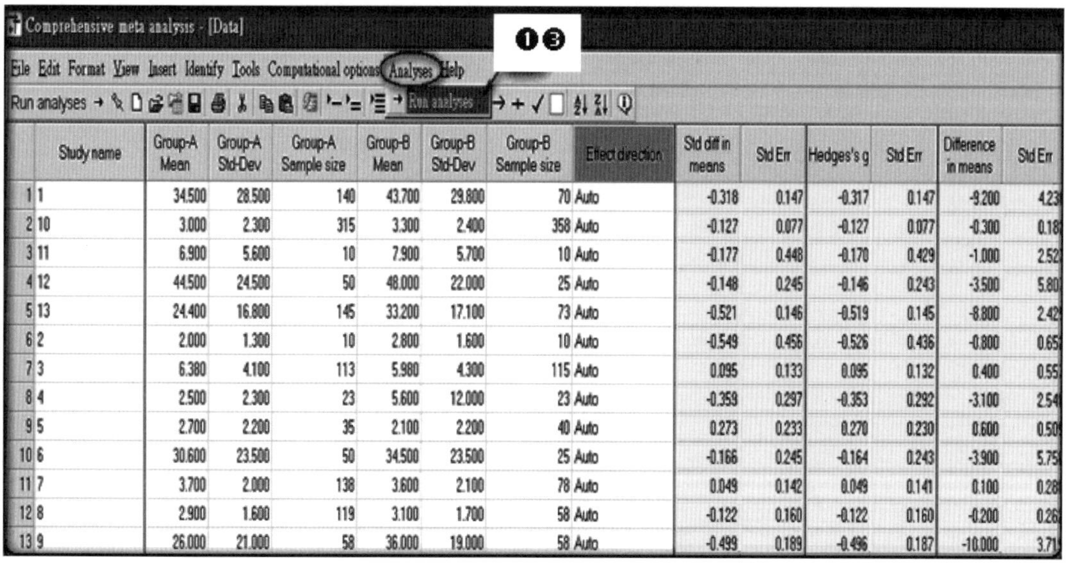

Comprehensive meta analysis - [Data]

❶❸

File Edit Format View Insert Identify Tools Computational options Analyses Help

Run analyses → ✎ □ ☞ ☜ ⊟ ⎙ ✂ 📋 📋 ✎ '─ '═ '≡ → Run analyses → + ✓ □ ⧩⧨ ⑨

	Study name	Group-A Mean	Group-A Std-Dev	Group-A Sample size	Group-B Mean	Group-B Std-Dev	Group-B Sample size	Effect direction	Std diff in means	Std Err	Hedges's g	Std Err	Difference in means	Std Err
1	1	34.500	28.500	140	43.700	29.800	70	Auto	-0.318	0.147	-0.317	0.147	-9.200	4.23
2	10	3.000	2.300	315	3.300	2.400	358	Auto	-0.127	0.077	-0.127	0.077	-0.300	0.18
3	11	6.900	5.600	10	7.900	5.700	10	Auto	-0.177	0.448	-0.170	0.429	-1.000	2.52
4	12	44.500	24.500	50	48.000	22.000	25	Auto	-0.148	0.245	-0.146	0.243	-3.500	5.80
5	13	24.400	16.800	145	33.200	17.100	73	Auto	-0.521	0.146	-0.519	0.145	-8.800	2.42
6	2	2.000	1.300	10	2.800	1.600	10	Auto	-0.549	0.456	-0.526	0.436	-0.800	0.65
7	3	6.380	4.100	113	5.980	4.300	115	Auto	0.095	0.133	0.095	0.132	0.400	0.55
8	4	2.500	2.300	23	5.600	12.000	23	Auto	-0.359	0.297	-0.353	0.292	-3.100	2.54
9	5	2.700	2.200	35	2.100	2.200	40	Auto	0.273	0.233	0.270	0.230	0.600	0.50
10	6	30.600	23.500	50	34.500	23.500	25	Auto	-0.166	0.245	-0.164	0.243	-3.900	5.75
11	7	3.700	2.000	138	3.600	2.100	78	Auto	0.049	0.142	0.049	0.141	0.100	0.28
12	8	2.900	1.600	119	3.100	1.700	58	Auto	-0.122	0.160	-0.122	0.160	-0.200	0.26
13	9	26.000	21.000	58	36.000	19.000	58	Auto	-0.499	0.189	-0.496	0.187	-10.000	3.71

圖 2-33　執行 CMA 基本統計分析

　　執行 CMA 的基本統計分析，其第一階段操作步驟為：「Analyses」→「Run analyses」（參見圖 2-33 頂端的❶❸）。之後，如有需要可繼續執行第二階段之出版偏差（Publication bias）與整合迴歸分析（Meta regression 2），請點開 CMA「Analyses」

表單：　　　　　　　　　　　　，以進行相關之統計分析。

第 3 章
CMA 主要統計報表的輸出程序

　　CMA 主要的統計報表輸出程序，乃是熟練 CMA 的研究重點。完整的 CMA 整合分析，主要分爲兩個階段：第一階段統計分析旨在提供整合分析的基本描述統計量，第二階段統計分析旨在進行出版偏差、異質性分析、次群體與整合回歸分析。本章節末，將特別詳細介紹 CMA 3.0 整合回歸分析所新增的功能。

◆ 一、整合分析的基本描述統計量

　　CMA 第一階段統計分析的操作步驟爲：「Analyses」→「Run analyses」 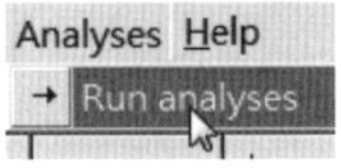
，其分析結果參見圖 3-1。圖內分析的原始資料，包含實驗組與控制組中各研究的平均數、標準差與樣本人數，以便用來計算 Cohen's d 值。

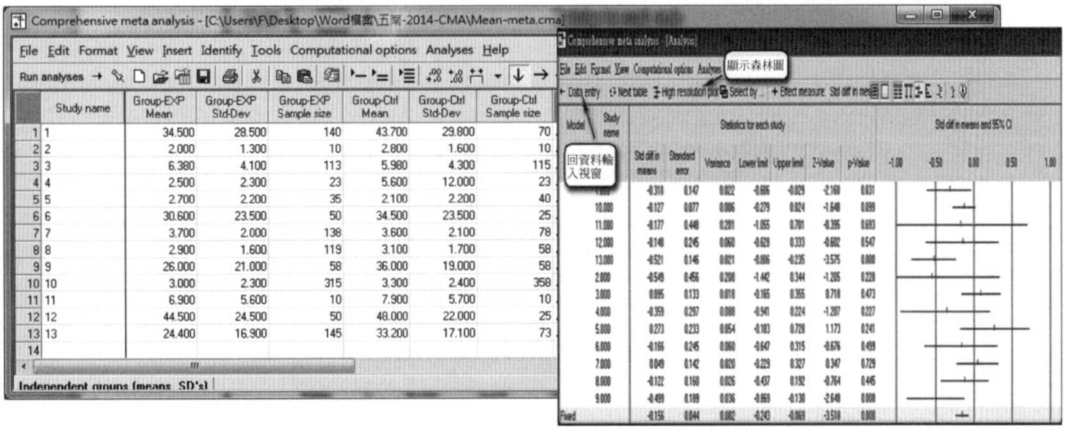

圖 3-1　CMA 基本統計分析的主報表

　　在 CMA 的資料編輯器中，執行 CMA「Run analyses」後，研究者如欲回到 CMA 資料編輯視窗，請點選主報表的左上角「Data entry」，可回到 CMA 資料編輯視窗。CMA 統計分析主報表的表單，亦提供一套用來顯示或隱藏統計報表呈現內容與方式之選單（參見圖 3-2 頂端）。例如：當你點選 ▤，可以只顯示或隱藏個別研究的相關統計量；當你點選 ▢，可以只顯示或隱藏整體研究的相關統計量；當你點選 ▦，可以只顯示或隱藏個別研究的基本統計量；當你點選 ↕↕，可以只顯示或隱藏個別研究的原始數據；當你點選 ╪，可以只顯示或隱藏個別研究的簡易森林圖；當你點選

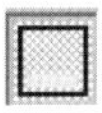

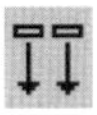

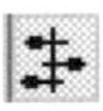

$\mathbf{E}$，可以只顯示或隱藏個別研究的相對加權量；當你點選　$\boxed{\pm}$　，可以只顯示或隱藏個別研究的相對殘差量。

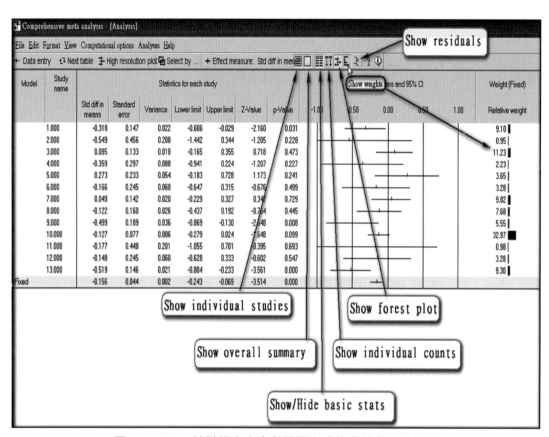

圖 3-2　CMA 統計報表內容與呈現方式的選單與用途解說

二、三種統計分析模式的報表

CMA 提供 3 種結果呈現模式：Fixed、Random、Both models，請點選圖 3-3 左下角的選單，以進行固定效果、隨機效果模式與兩者兼具之報表的切換。過去研究者常使用統計量（如 Q 值）進行理論模式的選擇，近年來有些學者（Pastor & Lazowsk, 2018; Borenstein et al., 2009）主張理論模式的選擇應端視研究樣本抽樣的特性及推論目的而定。其實，固定效果乃是隨機效果模式的特例（$\tau^2 = 0$），選用隨機效果模式應是較保險。

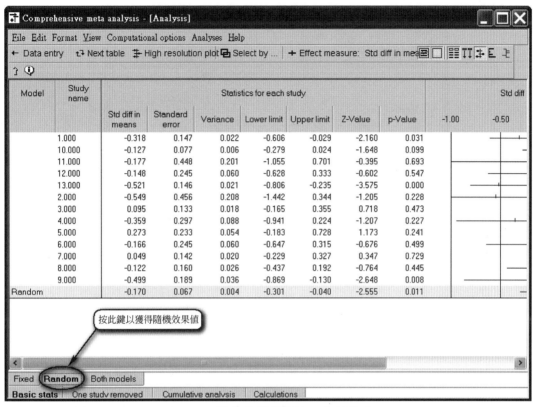

圖 3-3　隨機效果模式的設定與更動

◆ 三、CMA 出版偏差的操作步驟

　　這是 CMA 第二階段之統計分析，係第一階段統計分析之後續分析，其操作順序
為：「Analyses」→「Run analyses」→「Analyses」→「Publication bias」，請參見圖 3-4
的執行選單。

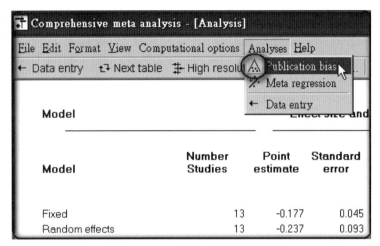

圖 3-4　CMA 出版偏差的執行選單

　　研究者在跑過基本統計分析「Run analyses」之後，才可執行出版偏差「Publication bias」分析，參見圖 3-4 之右上角的圈選表單（第二階段之統計分析）。點選之後，就可出現圖 3-5 之分析結果。根據此出版偏差分析的結果：Adjusted values=0（# of trimmed studies）來看，顯示此整合分析的資料並無出版偏差現象。

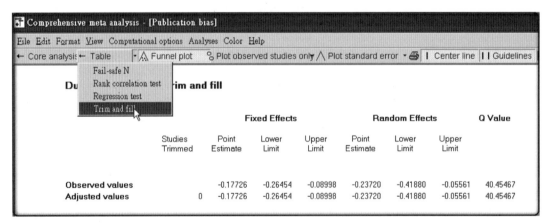

圖 3-5　CMA 出版偏差的分析：Trim and fill 分析結果

　　由圖 3-5 的表單可知，CMA 提供了四種統計指標：「Fail-safe N」（安全失效數）、「Rank correlation test」、「Regression test」及「Trim and fill」，以進行出版偏差之評估。除此之外，CMA 亦提供漏斗圖的出版偏差分析，請看下節說明。

◆ 四、CMA 漏斗圖分析的操作步驟

同出版偏差之操作，漏斗圖分析之操作步驟為：「Analyses」→「Run analyses」→「Analyses」→「Publication bias」。接著，研究者欲執行漏斗圖分析，請點選圖 3-5

中的「Funnel plot」表單 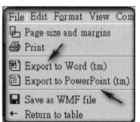 。

圖 3-6 係 CMA 漏斗圖分析實例，研究者可以根據該圖是否左右對稱，評估是否具有出版偏差。研究者如欲列印不同用途的漏斗圖，請按表單頂端「Color」功能表

單，在出現圖形輸出選單： 之後，請點選「Color for slides」（參見圖 3-7）作為幻燈片，圖 3-7 則為「Color for screen」黑白狀態圖，之後再按「Print」。

另外，研究者可以利用 CMA 的功能表單： ，點選「Export to Word」以直接啟動 WORD，將該圖顯示於 WORD 文件中；點選「Export to Power-Point」以直接啟動 PowerPoint，將該圖顯示於 PPT 文件中。

圖 3-6 左上角小表單顯示除了漏斗圖之外，CMA 也提供其他相關之四種統計量，以利研究者進行出版偏差之評估。另外，從圖 3-6 的效果值分布圖呈現左右對稱，顯示亦無出版偏差現象。

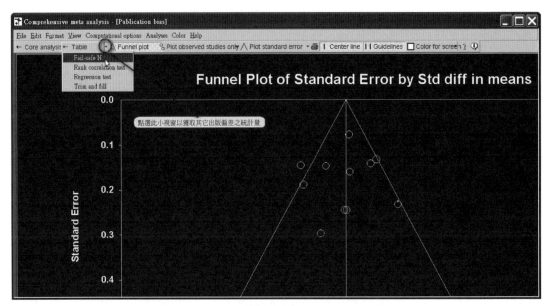

圖 3-6　CMA 漏斗圖的分析：彩色幻燈片

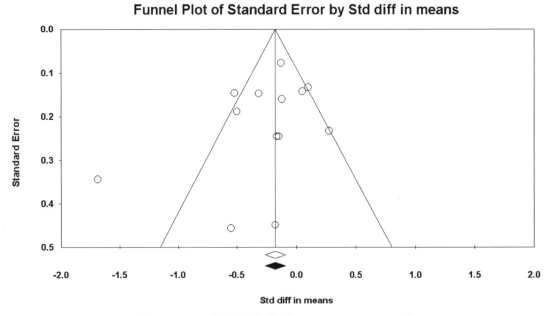

圖 3-7　CMA 漏斗圖的分析：Black and white 圖

　　研究者如欲輸出黑白畫面，可以點選「Black and white」，就可輸出黑白漏斗圖（參見前頁說明）。研究者亦可點選圖 3-6 上緣之功能表單的第二行指令

Plot observed studies only
Plot observed and imputed ，以輸出填補後之漏斗圖，參見圖 3-8；此圖顯示 CMA 自動填補了一個觀察值，參見右側實心點。

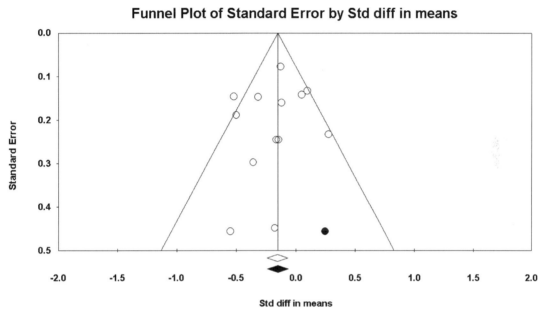

圖 3-8　CMA 漏斗圖的分析：填補後之漏斗圖

◆ 五、整合分析推論統計量與異質性分析

　　研究者如欲獲得整合分析的統計摘要表（含異質性分析），其 CMA 的操作步驟為：「Analyses」→「Run analyses」→「View」→「Meta-analysis statistics」（參見圖 3-9 頂端之選單）。請點選圖 3-9 中，「View」下之「Meta-analysis statistics」選單，就會出現圖 3-10 之完整統計摘要表，表中含有點估計值、信賴區間值、顯著性考驗與異質性（Heterogeneity）分析等結果。

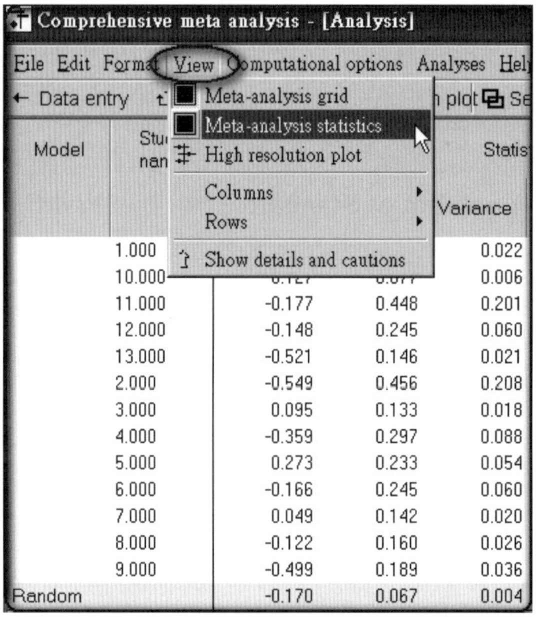

圖 3-9　CMA 的推論統計報表選單

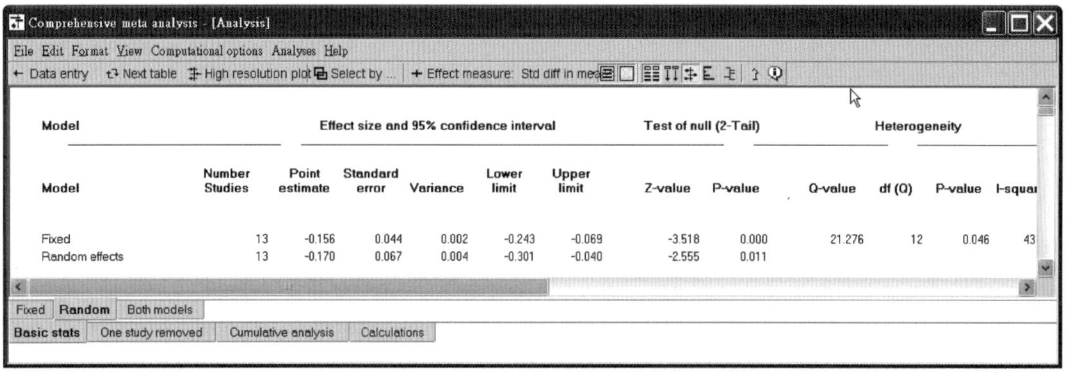

Model	Effect size and 95% confidence interval						Test of null (2-Tail)		Heterogeneity			
Model	Number Studies	Point estimate	Standard error	Variance	Lower limit	Upper limit	Z-value	P-value	Q-value	df (Q)	P-value	I-squar
Fixed	13	-0.156	0.044	0.002	-0.243	-0.069	-3.518	0.000	21.276	12	0.046	43
Random effects	13	-0.170	0.067	0.004	-0.301	-0.040	-2.555	0.011				

圖 3-10　CMA 的推論統計分析報表

由圖 3-10 的異質性分析結果得知，研究間的異質性達 .05 之顯著水準（Q = 21.276, p = .046），I^2 = 43% 屬於小異質性（介於 25%～50% 之間）。異質性過高通常不能直接使用整合分析結果，須進行次群體分析或整合回歸分析。

六、森林圖的製作與編修

CMA 森林圖（Forest Plot）的輸出，其操作步驟為：「Analyses」→「Run analyses」→「High resolution plot」。圖 3-11 係高解析度的 CMA 森林彩色圖，如欲列印一

般白底森林圖,請按表單頂端「Color Mode」,切換成「Colors for printing」狀態:

（結果如圖 3-12 所示）,之後再按「Print」;如欲作為幻燈片請切換成「Colors for slides」狀態。

另外,研究者可以利用 CMA 的功能表單: ,點選「Export to Word」以直接啟動 WORD,將該圖顯示於 WORD 文件中;點選「Export to Power-Point」以直接啟動 PowerPoint,將該圖顯示於 PPT 文件中。

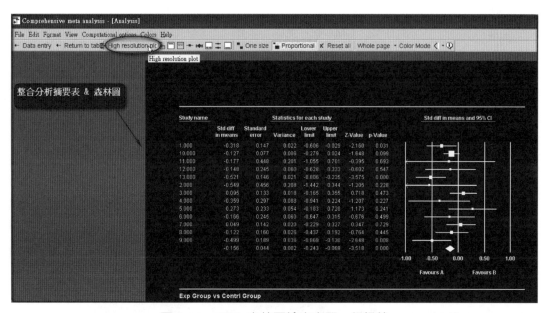

圖 3-11　CMA 森林圖輸出表單:幻燈片

圖 3-12 係 CMA「Colors for printing」的輸出結果。森林圖中每一研究都有一個方塊代表相對應的權重,方塊愈大,代表對於併組效果值的影響力愈大。對於平均數差異效果值而言,對應於 0 的垂直線即為「The Line of No Effect」。

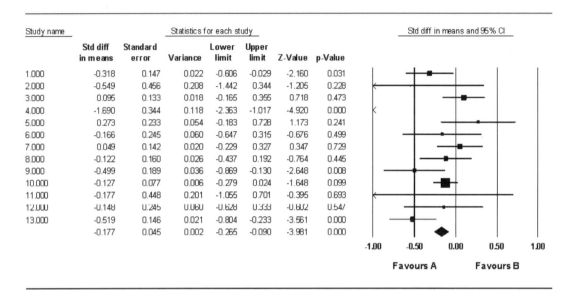

Meta Analysis

圖 3-12　CMA 森林圖輸出表單：一般白底圖形

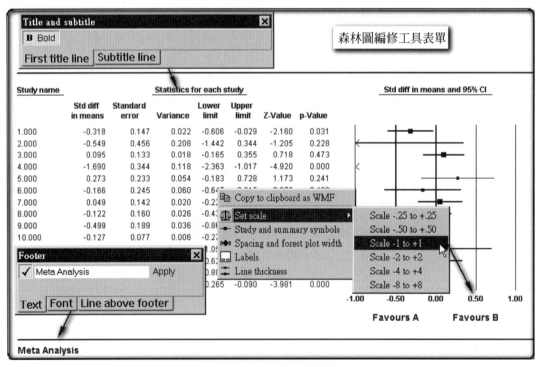

圖 3-13　CMA 森林圖之編修工具

研究者如欲編修森林圖，請使用滑鼠右鍵點選待編輯的物件，出現編輯工具（參見圖 3-13 內之圖形編修工具）之後，就可進行圖形物件的編輯工作。其中，左上角之「Title & subtitle」可用來更動標題之粗細，左下角之「Footer」可用來更動注腳文字與其字型，其他右側的兩個工具視窗（請用滑鼠右鍵點擊森林圖以開啟此視窗），可用來拷貝圖形、更動量尺大小（尤其出現極端值而未出現在森林圖時）、調整森林圖之寬度、線條的粗細等。

七、CMA 2.0 之整合迴歸分析

整合迴歸分析屬第二階段的統計分析，以 BCG 資料檔案爲例，進行整合迴歸分析之前，研究者須先在 CMA 資料表單中，建立一個調節變項（a moderator）；例如：建立一個 Latitude 的調節變項（參見圖 3-14）。請利用滑鼠右鍵，單擊在 CMA 資料編輯視窗內任一空白欄位，就會出現圖 3-14 內的欄位格式視窗（Column format）。於此視窗內，在「Variable name」右側建立變項名稱爲「Latitude」、在「Column function」右側設定欄位功能爲「Moderator」，及在「Data type」右側設定資料類別爲「Integer」等變項屬性。備好此一調節變項，就可開始執行整合迴歸分析了。

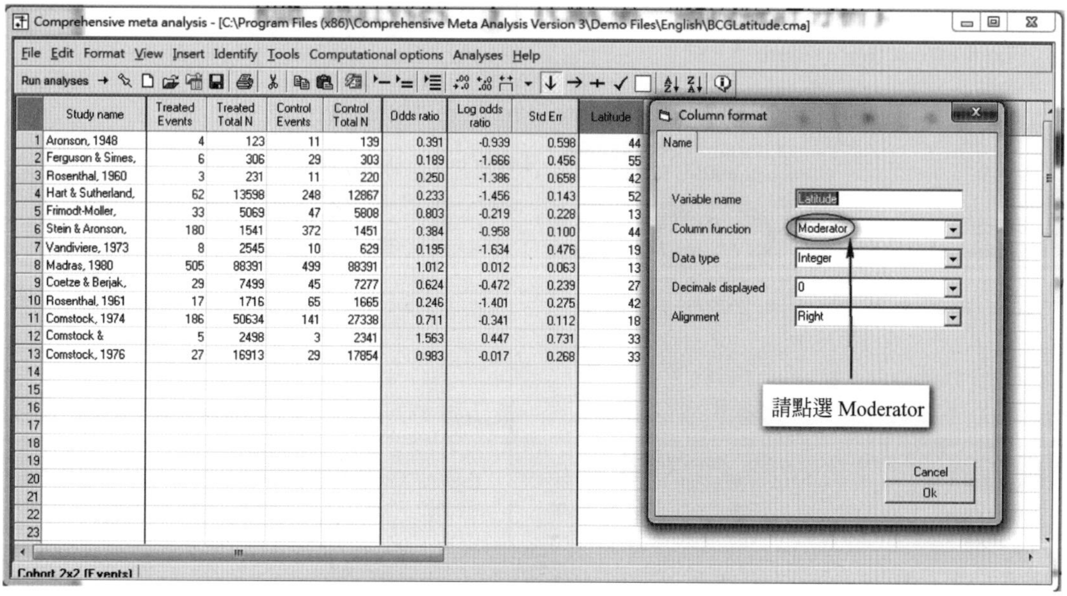

圖 3-14　CMA 調節變項屬性的設定

連續性調節變項之整合迴歸分析，CMA 的操作步驟為：「Analyses」→「Run

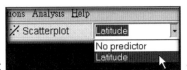

analyses」→「Analyses」→「Meta regression」，其點選表單為 　　　　　　。接著，

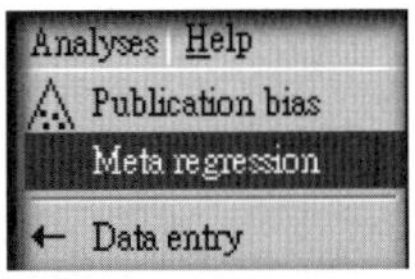

研究者如欲輸出整合迴歸分析的散布圖，其點選表單為：　　　　　　　　　　　。
由此表單可知，研究者須先選擇整合迴歸分析之預測變項（Latitude），才能輸出此散
布圖。圖 3-16 係 CMA 整合迴歸分析之散布圖，顯示或輸出模式則與森林圖相同：
「Colors for printing」與「Colors for slides」，不再贅述。如欲切換成統計報表，請按
圖 3-15 頂端之「Scatterplot」表單即可，圖與表可藉此表單互換。

　　以下是預防注射後得病的對數勝算比資料，其預測變項為研究中心的緯度，利用
CMA 整合迴歸分析所跑出的結果，如圖 3-15 所示。

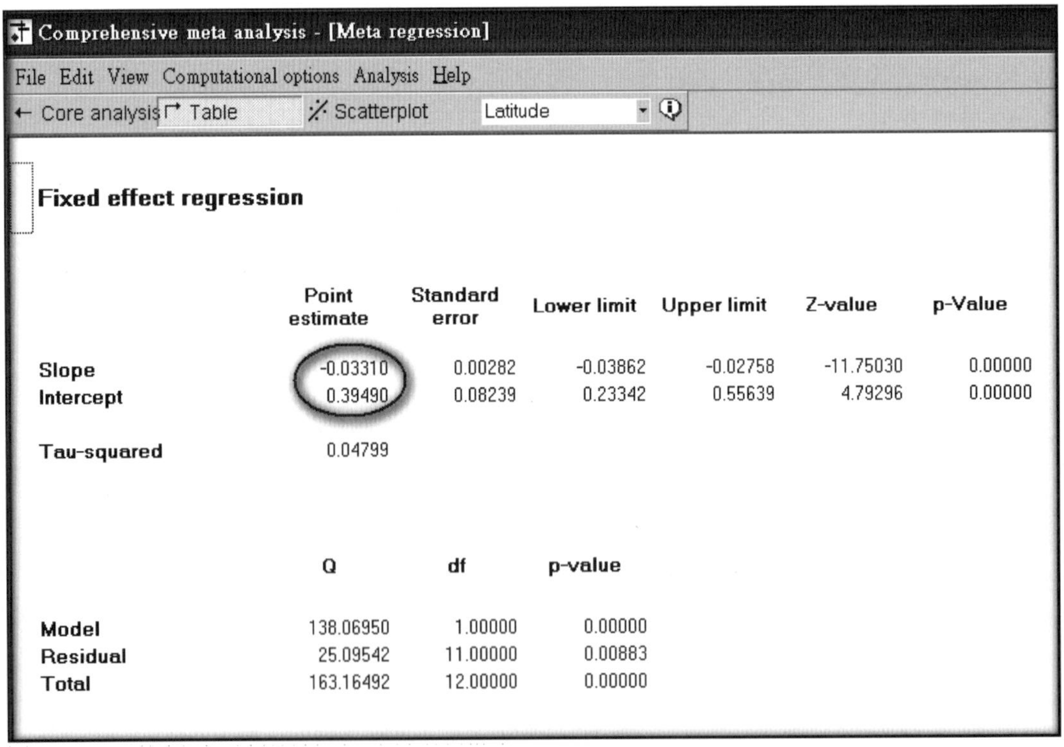

Fixed effect regression

	Point estimate	Standard error	Lower limit	Upper limit	Z-value	p-Value
Slope	-0.03310	0.00282	-0.03862	-0.02758	-11.75030	0.00000
Intercept	0.39490	0.08239	0.23342	0.55639	4.79296	0.00000
Tau-squared	0.04799					

	Q	df	p-value
Model	138.06950	1.00000	0.00000
Residual	25.09542	11.00000	0.00883
Total	163.16492	12.00000	0.00000

圖 3-15　CMA 整合迴歸分析統計報表：固定效果模式

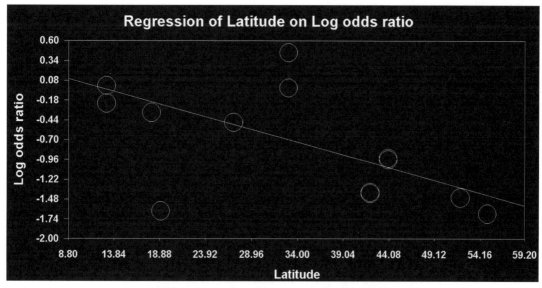

圖 3-16　CMA Meta-regression 散布圖

　　圖 3-15 中顯示了 CMA 整合迴歸分析的結果（截距、斜率估計值呈現在上半部），及異質性分析結果（圖下半部 Q 統計量，其 p 值 <.05）；反映出固定效果模式不是最佳模式。圖中的斜率為負值（-.0331），顯示出研究中心的緯度愈高，其得病的對數勝算比愈低；換言之，緯度愈高，預防注射的效果愈佳。研究者使用的 CMA 如為 3.0 版以上者，請參閱本章最後一節：Meta regression 2 分析的操作步驟，Meta regression 2 已允許兩個以上的預測變項，且提供了更多的統計新功能。

◆ 八、類別調節變項之次群體分析

　　次群體分析適用於類別調節變項，CMA 的操作步驟為：「Analyses」→「Run analyses」→「Computational options」→「Group by...」，參見圖 3-20～圖 3-22。研究者於進行類別調節變項之次群體分析之前，須先建立類別調節變項與設定其相關屬性。首先，利用滑鼠右鍵單擊在 CMA 資料編輯視窗內任一空白欄位（指該欄位尚未建立變項名稱），就會出現圖 3-17 的視窗，按下「Column properties」即會跳出圖 3-18 的欄位格式設定視窗，讓研究者建立一個類別調節變項與設定其相關屬性。

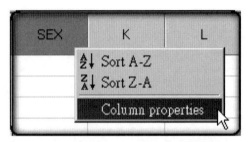

圖 3-17　類別調節變項的建立與相關屬性之設定

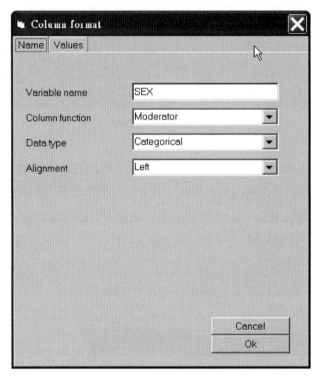

圖 3-18　調節變項的欄位格式設定視窗

　　當研究者建立完一個類別調節變項，設定其相關屬性（Data type 如為 Categori-cal）之後，就可開始輸入類別資訊，例如：圖 3-19 中，在最後一欄位「SEX」的前三個數據，如研究者業已輸入完畢，分別為：Both、Female、Male。之後，研究者就可在 CMA 的圖形選單中點選 ▼（請看圈選處，此為下拉選單輸入資料的功能），即可

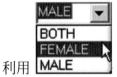

利用 進行其餘各研究類別的拷貝（須先點選待拷貝的細格），此設計堪稱便捷。

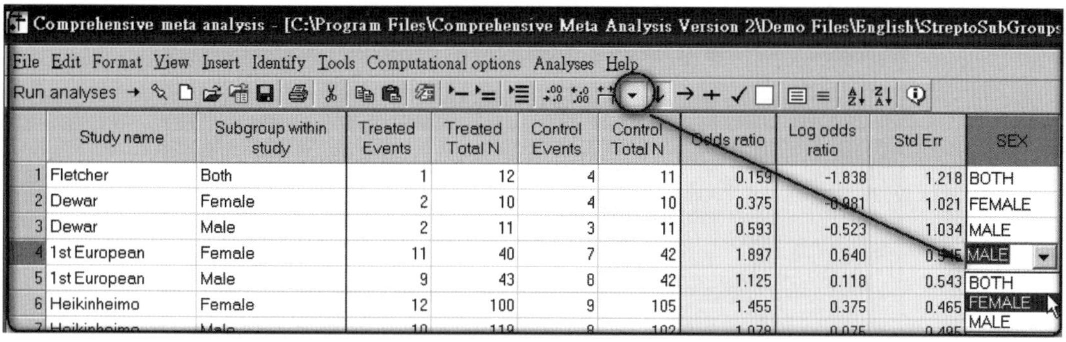

圖 3-19　類別調節變項的輸入與拷貝方法

接著，請打開圖 3-20 功能表單「Computational options」選單，點選「Group by...」，就可出現圖 3-21 之組別設定視窗。

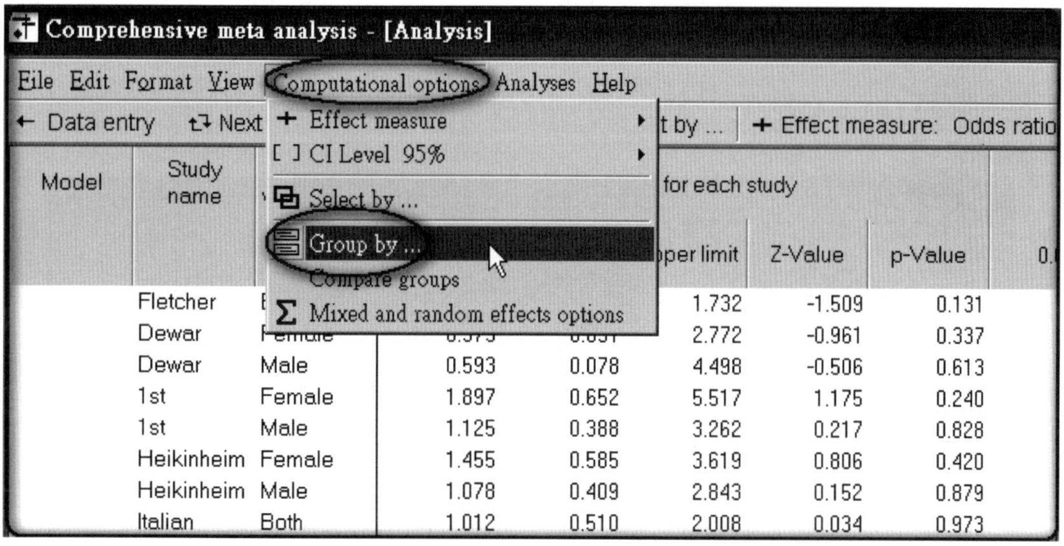

圖 3-20　CMA 次群體分析介面：點選 Group by...

接著，研究者在「Group by...」視窗內，點選「SEX」當作調節變項，並要求進行各層次的統計分析與比較（請勾選圖 3-21 底部選項），如勾選「Compare effect at different levels of sex」，等於勾選了圖 3-20 中的選單「Compare groups」，因此研究者只要擇一點選即可。

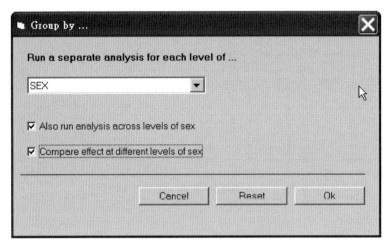

圖 3-21　「Group by...」對話視窗

按下圖 3-21 的「OK」鍵之後，就會出現圖 3-22 之 CMA 次群體分析結果：含兩性、女性與男性群體的整合分析結果，依序並列於表中，圖中左側係研究與組別之資訊，中間係各研究之基本統計量，右側則係簡易森林圖。

Model	Group by Subgroup	Study name	Subgroup within study	Odds ratio	Lower limit	Upper limit	Z-Value	p-Value
	Both	Fletcher	Both	0.159	0.015	1.732	-1.509	0.131
	Both	Italian	Both	1.012	0.510	2.008	0.034	0.973
	Both	2nd	Both	0.378	0.183	0.778	-2.640	0.008
	Both	NHLBI	Both	2.587	0.632	10.596	1.321	0.186
	Both	Valere	Both	1.061	0.392	2.876	0.117	0.907
	Both	Frank	Both	0.959	0.289	3.185	-0.068	0.946
	Both	Klein	Both	3.200	0.296	34.588	0.958	0.338
	Both	Lasierra	Both	0.222	0.019	2.533	-1.211	0.226
	Both	Witchitz	Both	0.778	0.199	3.044	-0.361	0.718
	Both	2nd	Both	0.806	0.440	1.477	-0.697	0.486
	Both	3rd	Both	0.416	0.242	0.716	-3.164	0.002
	Both	ISAM	Both	0.872	0.599	1.270	-0.713	0.476
	Both	ISIS-2	Both	0.746	0.676	0.822	-5.877	0.000
Fixed	Both			0.743	0.680	0.813	-6.469	0.000
	Female	Dewar	Female	0.375	0.051	2.772	-0.961	0.337
	Female	1st	Female	1.897	0.652	5.517	1.175	0.240
	Female	Heikinheim	Female	1.455	0.585	3.619	0.806	0.420
	Female	2nd	Female	0.932	0.565	1.538	-0.274	0.784
	Female	1st	Female	0.659	0.298	1.454	-1.034	0.301
	Female	UK Collab	Female	1.019	0.559	1.856	0.060	0.952
	Female	Austrian	Female	0.548	0.295	1.018	-1.902	0.057
	Female	N German	Female	1.495	0.823	2.712	1.321	0.186
	Female	GISSI-1	Female	0.818	0.698	0.958	-2.493	0.013
Fixed	Female			0.858	0.751	0.980	-2.251	0.024
	Male	Dewar	Male	0.593	0.078	4.498	-0.506	0.613
	Male	1st	Male	1.125	0.388	3.262	0.217	0.828
	Male	Heikinheim	Male	1.078	0.409	2.843	0.152	0.879
	Male	2nd	Male	0.461	0.280	0.759	-3.042	0.002
	Male	1st	Male	0.860	0.401	1.844	-0.388	0.698
	Male	UK Collab	Male	0.742	0.399	1.381	-0.942	0.346
	Male	Austrian	Male	0.576	0.314	1.054	-1.789	0.074
	Male	N German	Male	0.984	0.540	1.791	-0.054	0.957
	Male	GISSI-1	Male	0.854	0.729	1.000	-1.964	0.049

圖 3-22　CMA 次群體分析結果：含兩性、女性與男性群體

◆ 九、選擇研究結果納入整合分析

　　圖 3-23 係選擇研究納入分析的功能表單，當研究者點選「Select by...」之後，就會出現圖 3-24 的研究選擇表單。

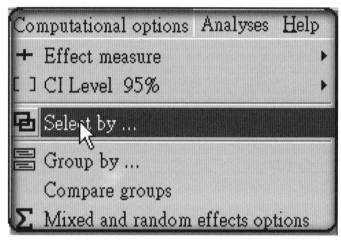

圖 3-23　選擇研究納入分析的功能表單

　　研究者可以利用研究的選擇表單（參見圖 3-24）或利用調節變項的選擇表單（參見圖 3-25），選擇欲納入整合分析的研究效果值。研究者假如利用研究的選擇表單，將研究名稱左側正方形框內的「√」刪除，該研究就不會納入整合分析中（參見圖 3-24）；本功能最適合進行某一組之 Q_{within} 值達顯著之後的次群體分析。

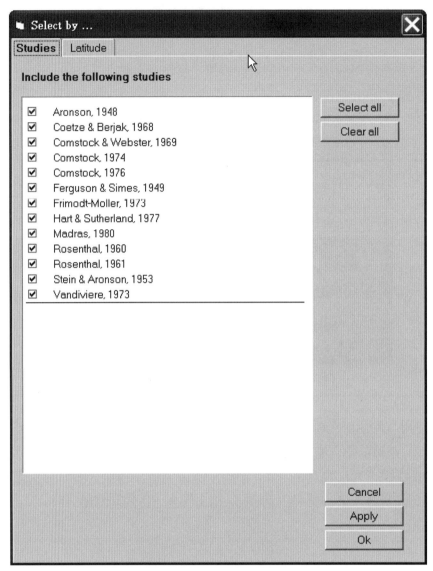

圖 3-24　研究的選擇表單

　　研究者亦可以利用調節變項選擇表單，將調節變項數據左側正方形框內的「√」刪除，該研究就不會納入整合分析中（參見圖 3-25）。因此，研究者可以根據研究名稱或調節變項的數據，選擇待分析之研究，次群體分析時很實用。

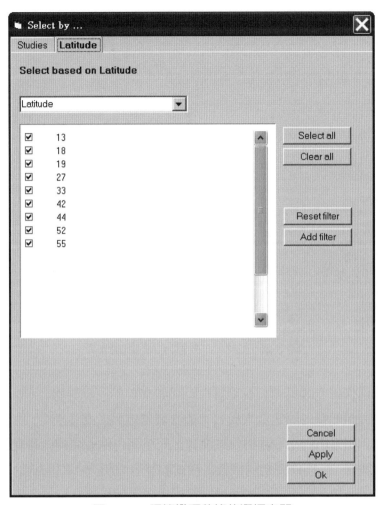

圖 3-25　調節變項數據的選擇表單

◆ 十、混合效果及隨機效果的設定與使用時機

　　混合效果的整合分析與次群體分析具有密切關係（參見第 5 章），因此有必要先介紹次群體分析在 CMA 中的設定方法。圖 3-26 係 CMA 次群體分析的設定表單，首先研究者須選擇分群的變項（本例為 Design）。如果尚須一併報告整體效果值與顯著性考驗，請再勾選「Also run analysis across levels of design」；如果還須進行效果值組間差異之顯著性考驗，請再勾選「Compare effect at different levels of design」（CMA 會提供 total within 及 total between 之 Q 值及相關統計量）。

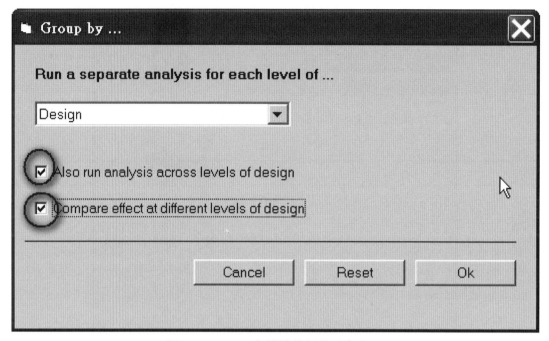

圖 3-26　CMA 次群體分析的設定表單

　　當研究者遇到研究效果值具有異質性時（如來自不同母群體），如果視組內為隨機效果模式，而組間採取固定效果模式（如次群體為男、女性別），即為混合效果模式的整合分析。如果組內採取隨機效果模式，而組間也採取隨機效果模式（如次群體為隨機抽樣的國家），即為完全隨機效果模式的整合分析。不同的統計分析模式，會影響平均效果值的估計結果。相對而言，當採用固定效果模式時，各研究的加權量影響為最大；採用隨機效果模式時，各研究的加權量影響為最小；採用混合效果模式時，各研究的加權量影響則居中。

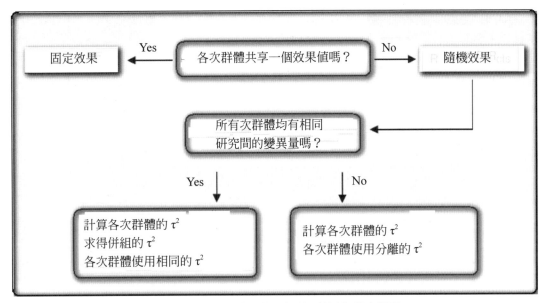

圖 3-27　次群體整合分析的計算模式流程圖

　　由圖 3-27 之流程圖內容得知，當研究者認為各次群體並非共享一個共同的效果值，而須採用隨機效果模式時，就會面臨各次群體內的 τ^2，到底要分離各自計算，或加以合併計算，各次群體均使用同一個 τ^2，以計算各研究的整體變異量。

　　合併各次群體 τ^2，其計算方法如公式 3-1 所示：

$$T^2_{within} = \frac{\sum\limits_{j=1}^{p} Q_j - \sum\limits_{j=1}^{p} df_j}{\sum\limits_{j=1}^{p} C_j} \qquad \text{公式 3-1}$$

式中，p = 組別數，k = 研究數，

$$df = k - 1,\ C = \sum W_i - \frac{\sum W_i^2}{\sum W_i},\ Q = \sum W_i(\theta_i - \theta_{fixed})^2$$

　　因此，隨機效果的次群體整合分析在 CMA 中，涉及決定計算組內摘要值與組間摘要值分析模式的選擇。計算整體效果值時，研究者可以選擇固定效果模式或隨機效果模式，而也須選擇到底組間變異量是否具有同質性（參閱圖 3-28），以決定要使用分離的 τ^2 或合併的 τ^2。如果計算各次群體的 τ^2 後發現，該次群體的研究篇數甚少（如少於 5）而導致無法獲得穩定的 τ^2，建議仍使用合併的 τ^2 較保守。如果研究者決定採用固定效果模式時，CMA 整合分析的混合效果設定選擇，並不會影響所估計的參數值（effect size & SE）。

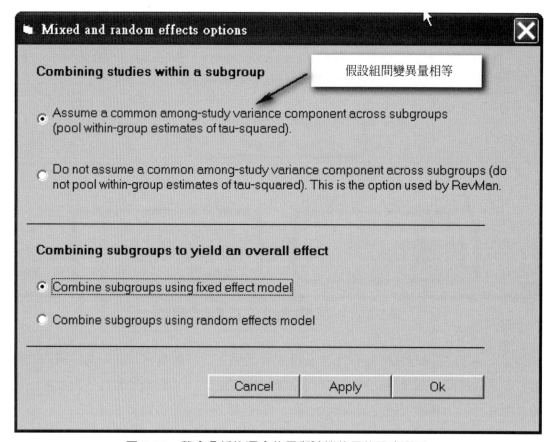

圖 3-28　整合分析的混合效果與隨機效果的設定選單

　　圖 3-29 所設定的模式，就是我們所熟悉的混合效果模式（Mixed effect analysis）：組內為隨機效果模式，而組間為固定效果模式，且假定使用併組 τ^2（通常組間變異量具有恆等性）。混合效果模式最適合用於當 Q_{Model} 與 Q_{Error} 均顯著時；換言之，研究者不僅想保留具有預測效能的預測變項，且想進一步詮釋殘留變異的不確定性。圖 3-29 內右側小視窗，係 CMA 所提供的相關統計或研究設計之文字說明。研究者可以使用滑鼠左鍵按下 ⬆（圖 3-29 之右上角表單），以查看 CMA 之線上統計教練對於混合效果模式的文字說明。

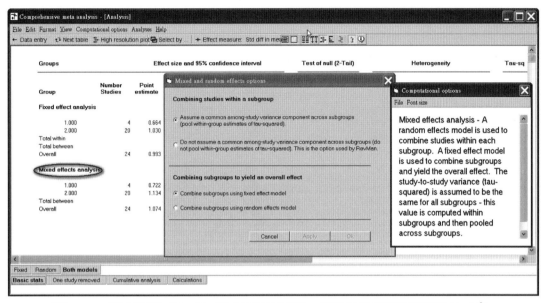

圖 3-29　混合效果（R＋F）模式的設定實例：採用併組的研究間變異量（τ^2）

　　圖 3-30 係另一混合效果模式整合分析的設定實例，本例係採用各組分開的研究間變異量（τ^2），適用於組間變異量不同質時。因此，此混合效果模式組內使用各群組之變異量，組間則採固定效果模式。

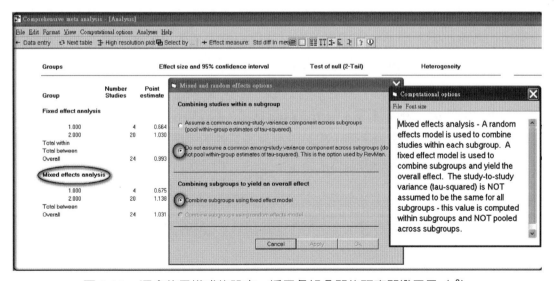

圖 3-30　混合效果模式的設定：採用各組分開的研究間變異量（τ^2）

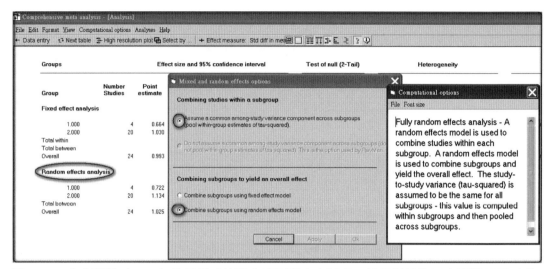

圖 3-31　完全隨機（R+R）效果模式的設定實例與文字說明：採用併組的研究間變異量（τ^2）

　　圖 3-31 所設定的模式就是完全隨機效果模式：組內與組間皆為隨機效果模式，且假定組間具有變異同質性；因此只能採用併組的研究間變異量（τ^2）。

　　以上各研究模式之設定，涉及各研究變異量之計算（間接影響各研究之加權量），其中固定效果模式之加權量，相對來說，其值最大，隨機效果模式之加權量最小，而混合模式則居中。

　　圖 3-32 內容係根據圖 3-26 之 CMA 次群體分析的設定，而獲得的整合分析組間效果值的考驗結果。由其分析結果可知：不管根據固定效果模式或混合效果模式，其兩組效果值之 .95 信賴區間均有重疊現象，表示兩組之效果值差異，未達 .05 之顯著水準。值得注意的是，在進行異質性考驗時，出現第 1 組的 Q 值（3.273）與 p 值（0.351），未達 .05 之顯著水準；而第 2 組的 Q 值（47.810）與 p 值（0.000），已達 .05 之顯著水準。初步看起來似乎第 1 組並未出現異質性的問題，但因第 1 組的研究篇數僅 4 篇，可能係其統計考驗力過低所致。

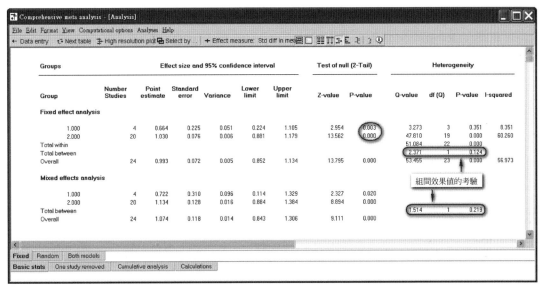

圖 3-32　整合分析的組間效果值考驗結果

　　另外，不管根據固定效果模式或混合效果模式的組間效果值差異，均未達 .05 之顯著差異水準（Q 值 /p 值分別為：2.371/0.124 vs. 1.514/0.219）。

十一、CMA 3.0 的整合迴歸分析

　　CMA 3.0 起，增修整合迴歸分析副程式（Meta regression），更名為 Meta regression 2，此副程式可以同時處理類別與連續變項的整合迴歸分析，且預測變項不再僅限於一個。整合迴歸分析為第二階段的統計分析，執行此一副程式之前，須先利用「Analyses → Run Analyses」，進行第一階段的初步效果值計算與整合分析。此整合迴歸分析程式，主要特色與新增功能列述如下：

- 共變項數目不限。
- 可以設定共變項集。
- 迴歸模式中可同時包含類別與連續性的共變項。
- 遇到類別共變項會自動建立虛擬變項。
- 可定義與比較多元迴歸模式。
- 在隨機效果模式時，研究者可以選用 Z-distribution（Z & Q）或 Knapp-Hartung 校正法（t & F）進行統計考驗。

• 可進行迴歸製圖，並顯示信賴與預測區間。

• 可圖示 R-squared 決定係數。

• 點擊即可將資料輸出到 Excel 表單。

• 點擊即可將統計圖輸出到 PowerPoint 與 WORD 中。

圖 3-33 內容係 BCG 原始資料的相關勝算比之檔案，將作為 CMA 整合迴歸分析之實例示範，資料中含有四個共變項（將作為預測變項），其中有兩個是連續變項（Latitude & Year）、有兩個是類別變項（Climate & Allocation）；而效標為預防注射後得肺結核的勝算比。這些共變項（或稱為調節變項）須在 CMA 原始資料建檔時，就將其變項之屬性設定為「moderators」，設定方法請參閱本章第七、八節。

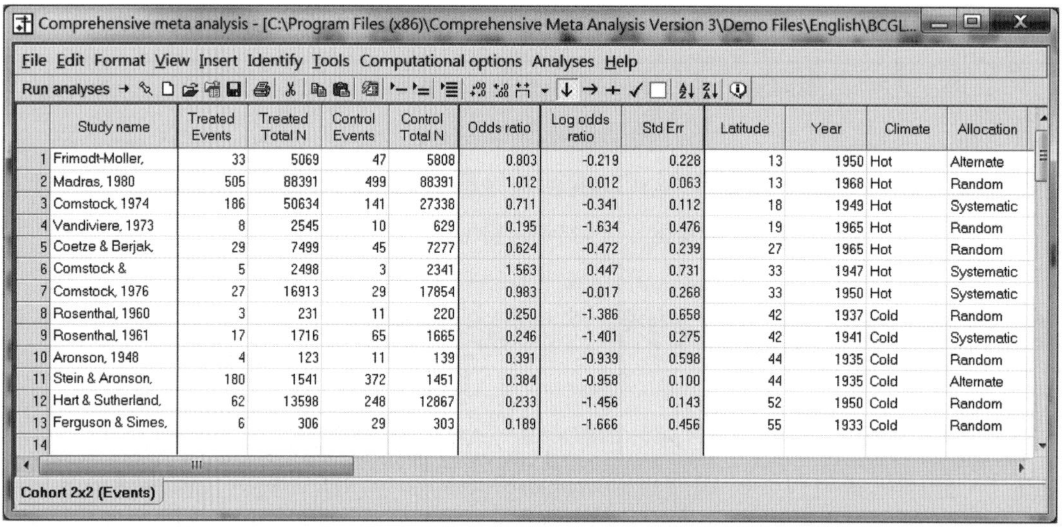

	Study name	Treated Events	Treated Total N	Control Events	Control Total N	Odds ratio	Log odds ratio	Std Err	Latitude	Year	Climate	Allocation
1	Frimodt-Moller,	33	5069	47	5808	0.803	-0.219	0.228	13	1950	Hot	Alternate
2	Madras, 1980	505	88391	499	88391	1.012	0.012	0.063	13	1968	Hot	Random
3	Comstock 1974	186	50634	141	27338	0.711	-0.341	0.112	18	1949	Hot	Systematic
4	Vandiviere, 1973	8	2545	10	629	0.195	-1.634	0.476	19	1965	Hot	Random
5	Coetze & Berjak	29	7499	45	7277	0.624	-0.472	0.239	27	1965	Hot	Random
6	Comstock &	5	2498	3	2341	1.563	0.447	0.731	33	1947	Hot	Systematic
7	Comstock, 1976	27	16913	29	17854	0.983	-0.017	0.268	33	1950	Hot	Systematic
8	Rosenthal, 1960	3	231	11	220	0.250	-1.386	0.658	42	1937	Cold	Random
9	Rosenthal, 1961	17	1716	65	1665	0.246	-1.401	0.275	42	1941	Cold	Systematic
10	Aronson, 1948	4	123	11	139	0.391	-0.939	0.598	44	1935	Cold	Random
11	Stein & Aronson,	180	1541	372	1451	0.384	-0.958	0.100	44	1935	Cold	Alternate
12	Hart & Sutherland,	62	13598	248	12867	0.233	-1.456	0.143	52	1950	Cold	Random
13	Ferguson & Simes,	6	306	29	303	0.189	-1.666	0.456	55	1933	Cold	Random
14												

圖 3-33　BCG 原始資料（含調節變項）

為利於使用者正確及迅速學會 CMA 的整合迴歸分析，程式中提供了互動精靈（參見圖 3-34）。此互動精靈，在研究者執行 Meta regression 2 後，會自動彈出，

關閉後如欲重新開啟，請點選表單頂端「Help 的次表單 Interactive guide」。它除了逐步提示操作順序（請按圖 3-34 左側 Next section）之外，亦同時提供每一個步驟之文字說明（請按圖 3-34 右側 Next page）。

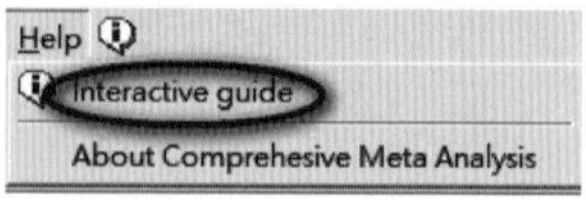

圖 3-34　互動精靈視窗

　　互動精靈的起始頁，提示了 CMA 整合迴歸分析的八大操作順序（Part 1～Part 8），如圖 3-35 內容所示。

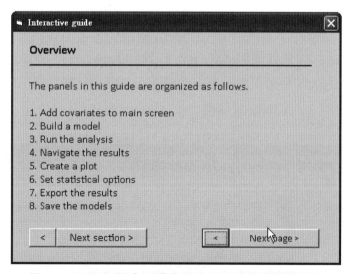

圖 3-35　CMA 整合迴歸分析的八大操作順序摘要表

以下 CMA 整合迴歸分析的操作說明，將依此八大操作順序，逐一示範之。

（一）加入待分析的共變項

圖 3-36 係 CMA 整合迴歸分析的第一個步驟：在迴歸模式中加入共變項（或稱為預測變項）的提示視窗。

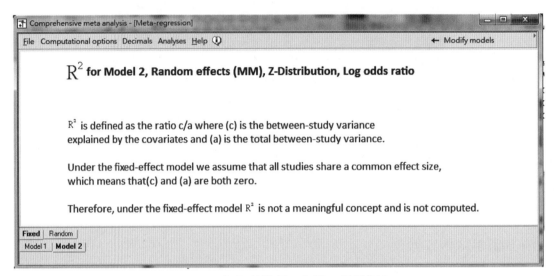

圖 3-36　加入共變項：步驟一提示視窗

接著，點開圖 3-37 功能表單「View」下「Columns」的「Moderators」選單，即會彈出圖 3-38 內的調節變項視窗，視窗內顯示了 4 個調節變項的名稱：Latitude（緯度）、Year（出版年代）、Climate（氣溫）及 Allocation（分派方法）。

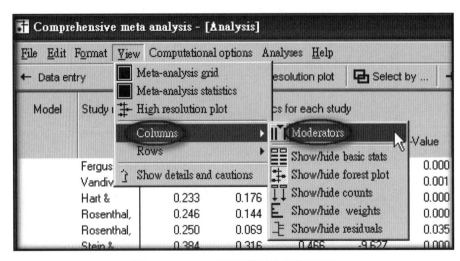

圖 3-37　CMA 調節變項的顯示選目

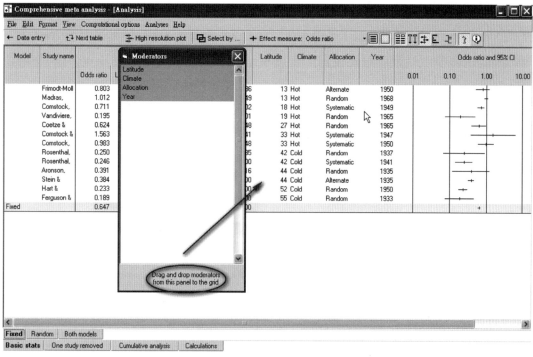

圖 3-38　將共變項（調節變項）插入資料表單

　　研究者可以利用圖 3-38 內的調節變項小視窗，利用滑鼠左鍵或右鍵將 4 個調節變項一一拖入 CMA 的資料表單中，以查看任一調節變項與效果值的關係大小及方向。

　　其次，研究者就能執行二階段的統計分析程序：「Analyses → Meta regression 2」，參見圖 3-39。

Model	Study name	Odds ratio	Lower limit	Upper limit	Z-Value	p-Value	Latitude	Year	Climate	Allocation		Odds ratio and 95% CI			
											0.01	0.10	1.00	10.00	100.00
	Ferguson &	0.189	0.077	0.462	-3.652	0.000	55	1933	Cold	Random					
	Vandiviere,	0.195	0.077	0.497	-3.429	0.001	19	1965	Hot	Random					
	Hart &	0.233	0.176	0.308	-10.219	0.000	52	1950	Cold	Random					
	Rosenthal,	0.246	0.144	0.422	-5.102	0.000	42	1941	Cold	Systematic					
	Rosenthal,	0.250	0.069	0.908	-2.106	0.035	42	1937	Cold	Random					
	Stein &	0.384	0.316	0.466	-9.627	0.000	44	1935	Cold	Alternatie					
	Aronson,	0.391	0.121	1.262	-1.571	0.116	44	1935	Cold	Random					
	Coetze &	0.624	0.391	0.996	-1.976	0.048	27	1965	Hot	Random					
	Comstock,	0.711	0.571	0.886	-3.046	0.002	18	1949	Hot	Systematic					
	Frimodt-Moll	0.803	0.514	1.256	-0.961	0.336	13	1950	Hot	Alternatie					
	Comstock,	0.983	0.582	1.661	-0.065	0.948	33	1950	Hot	Systematic					
	Madras,	1.012	0.894	1.146	0.190	0.849	13	1968	Hot	Random					
	Comstock &	1.563	0.373	6.548	0.611	0.541	33	1947	Hot	Systematic					
Fixed		0.647	0.595	0.702	-10.319	0.000									

圖 3-39　CMA 整合迴歸分析的執行選單：Meta regression 2

執行之後，即會跳出圖 3-40 之共變項設定視窗，等待研究者點選欲加入迴歸方程式的預測變項（如 Latitude），再按下「Add to main screen」，將預測變項納入左側的模式視窗中。共變項設定視窗如未出現或被關閉了，請點擊圖 3-40 的功能表單「Show covariates」。

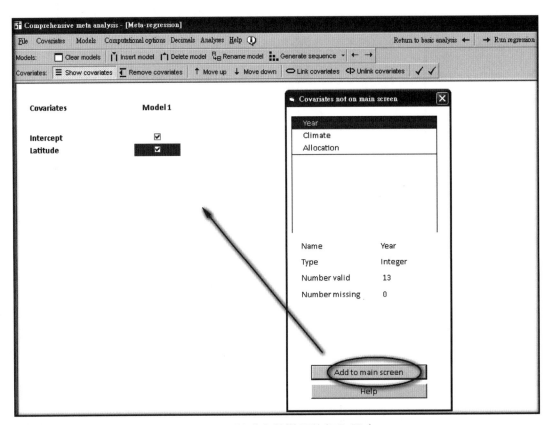

圖 3-40　模式中共變項的加入設定

如果加入迴歸模式中的共變項為類別變項，另須利用「Edit reference group」按鈕，決定哪一類別當作參照組（reference group），參見圖 3-41；如果研究者未設定，CMA 會自動幫你建立虛擬變項，以進行迴歸分析，建立虛擬變項的個數為該變項之類別數減 1（勾選截距項 intercept 時）。類別共變項的設定過程與相關畫面，請參見圖 3-41～圖 3-43。

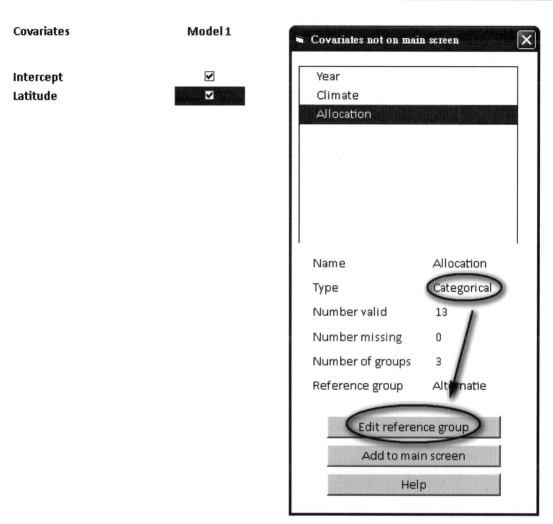

圖 3-41   共變項為類別變項：Allocation

由圖 3-41 與圖 3-42 可知，Allocation 變項為含有 3 個類別的共變項，因而 CMA 會自動建立 2 個虛擬變項：Alternate 及 Systematic；本例參照組設定為 Random（參見圖 3-42），因而不必為其設定虛擬變項（參見圖 3-43）。

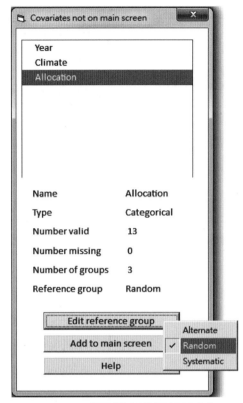

圖 3-42　Allocation 類別變項參照組設定為 Random

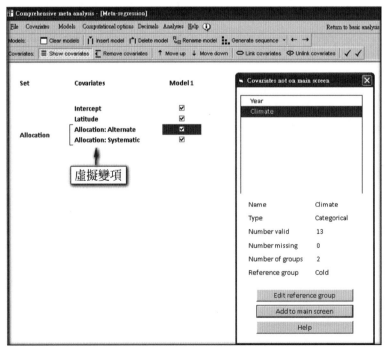

圖 3-43　CMA 自動建立兩個虛擬變項

整合回歸分析 Part 1 的工作到此告一段落，接著，進入 Part 2 理論模式的建立階段，參見圖 3-44。

（二）建立理論模式

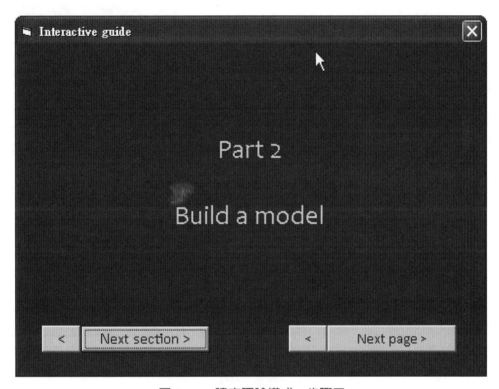

圖 3-44　建立理論模式：步驟二

步驟二旨在建立整合迴歸分析之理論模式。

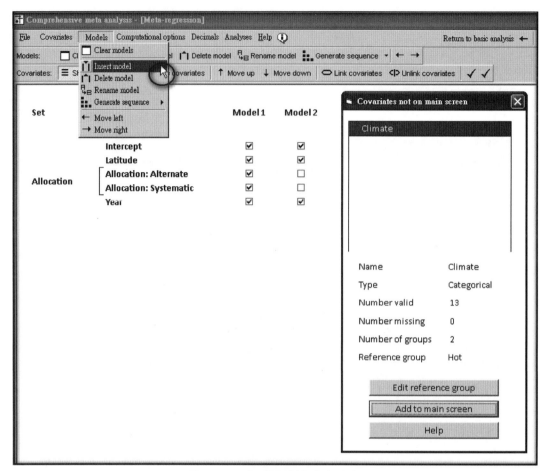

圖 3-45　多重理論模式之設定

　　研究者欲建立多元理論模式，須點選圖 3-45 功能表單「Models」下的「Insert model」，或直接點選圖 3-46 之 CMA 功能表單上之 Insert model 。每一個理論模式各有自己的欄位，研究者在各欄位之下進行是否納入共變項的勾選設定。以下實例，建立了兩個理論模式，Model 1 勾選了 Intercept、Latitude、Allocation、Year；Model 2 勾選了 Intercept、Latitude、Year。Climate 與 Latitude 具有高度相關，因此，筆者決定只納入 Latitude 共變項。

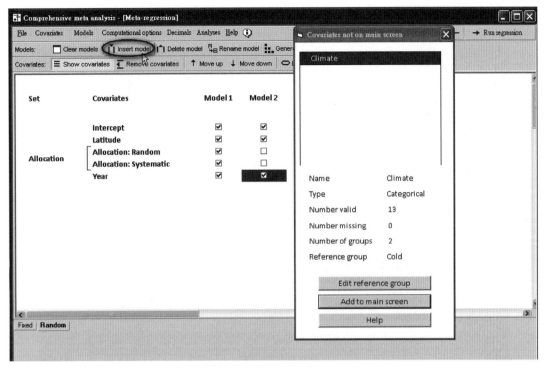

圖 3-46　模式中共變項之勾選

　　另外，研究者如欲進行共變項間之交互作用分析，須事先建立變項間的交乘積項（CMA 無法自動幫你建立）。如果共變項係類別變項，須事先轉成虛擬變項再計算交乘積數據；如果共變項為連續變項，建議先轉成離差分數（使該變項的平均數化為0），再計算交乘積項（以免發生多元共線性）。

　　Part 2 的工作到此告一段落，接著，進入 Part 3 統計分析的階段，請參見圖 3-47。

（三）執行統計分析

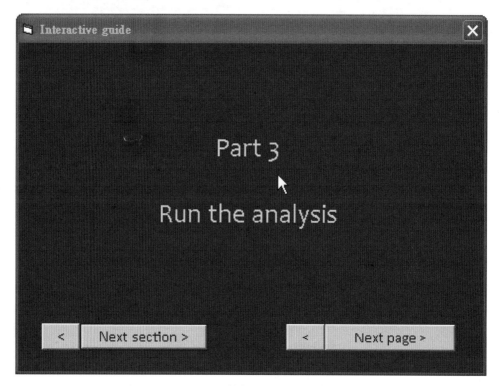

圖 3-47　執行分析：步驟三

　　CMA 整合迴歸分析，其第三階段的執行方法有二：一為表單選單途徑：「Analyses → Run regression」，參見圖 3-48 的圈選處（Run regression）；二為表單選單捷徑：「Run regression」，參見圖 3-49 右上角選單：Return to basic analysis ← | → Run regression 的右方鍵（見圈選處）。執行整合迴歸分析時，請利用滑鼠左鍵點擊「Run regression」，如欲回到基本分析，請按左鍵的「Return to basic analysis」。

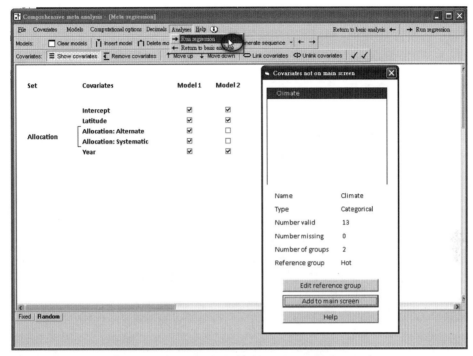

圖 3-48　CMA 整合迴歸分析的執行表單（一）

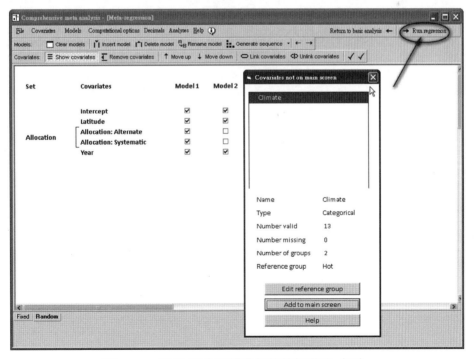

圖 3-49　CMA 整合迴歸分析的執行選單（二）

Part 3 的工作到此告一段落，接著，進入 Part 4：研究結果的瀏覽階段，請參見圖 3-50。

（四）瀏覽分析結果

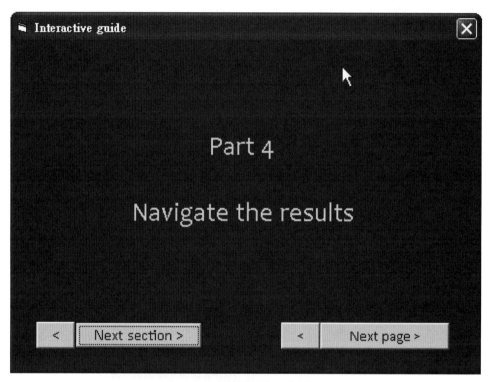

圖 3-50　瀏覽結果：步驟四

圖 3-50 步驟四旨在教導 CMA 使用者，如何在 CMA 整合迴歸分析報表間來回瀏覽結果。例如：使用者可在隨機效果模式與固定效果模式間、可在多元模式間、可在主要分析結果與額外分析結果間，進行CMA整合分析各項分析表單間之切換與瀏覽。

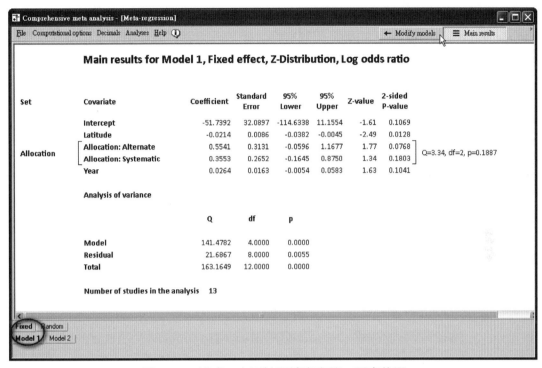

圖 3-51　模式一主要結果輸出表單：固定效果

　　圖 3-51 為模式一固定效果模式下主要結果的輸出表單，其左下角的固定效果（Fixed）與隨機效果（Random）按鈕，可讓研究者進行這兩種模式間統計結果之切換。該圖上半部統計量提供了當其他共變項影響力排除之後，每一共變項對於效果值的淨影響力。這些淨影響力係數的值為負時（例如：Latitude），表示該共變項的值愈大（緯度愈高），預防注射對於肺結核病的效能愈好（如非隨機化研究設計，此推論須格外謹慎）。另外，就 Allocation 共變項集而言，其統計考驗結果（Q = 3.34, p = .1887），顯示其效果值與 Allocation 關係不顯著。

　　就固定效果而言，理論模式（共變項可解釋到的部分）的 p 值，旨在考驗預測模式是否能有效解釋效果值的變異量。本例 Q 值為 141.4782，df = 4，p 值為 .0000。因此，此預測模式可以有效解釋到效果值的部分變異量；換言之，至少有一共變項與效果值大小具有顯著相關。殘差（共變項無法解釋到的部分）旨在考驗模式的基本假設是否成立：相同預測值的研究具有共同效果值（a common effect size）。本例 Q 值為 21.6867，df =8，p 值為 .0055；顯示資料與此固定效果模式的基本假設不一致（違反固定效果模式的基本假設），可能尚有重要的預測變項遺漏在模式外。因此，採用

隨機效果模式可能比較適當，或者須進行調節變項分析；因爲模式尚不完善，知道了 latitude、allocation 與 year 的研究相關屬性之後，研究者仍然無法完全預測各研究的效果值。

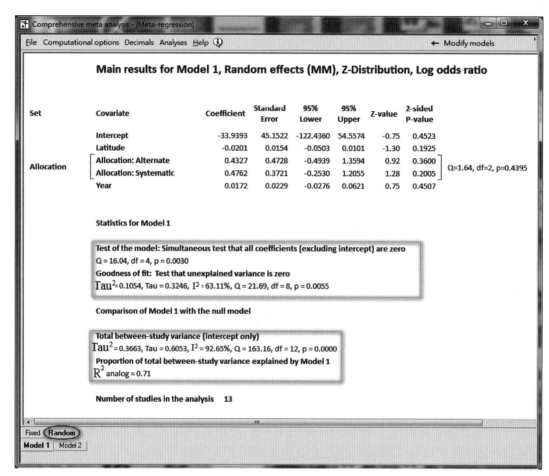

圖3-52　模式一主要分析結果：隨機效果

圖 3-52 統計分析報表中，τ^2（tau^2）代表研究間變異量；而 I^2 代表眞正變異量（τ^2）在總變異量（含抽樣誤差）中的解釋百分比（$I^2 = \dfrac{21.69 - 8}{21.69} \times 100 = 63.11\%$）；至於 R^2 代表眞正變異量中可由共變項加以解釋或預測到的百分比（$R^2 = \dfrac{0.3663 - 0.1054}{0.3663} = \dfrac{0.2610}{0.3663} = 0.71$）。模式一之隨機效果模式考驗結果，請參閱圖 3-52 的 Test of the model 統計摘要：結果顯示，模式一提議的 4 個共變項，有助於改善研究效果值的預測力（Q = 16.04, p = .0030）；但這些提議的共變項是否已能完全預測

研究效果值，須由 Goodness of fit 的適配度考驗結果進行考驗；本例顯示尚有未預測到的變異量（Q = 21.69, p = .0055），原有的共變項只解釋到 63.11% 的變異量。除了「Main results」之外，圖 3-53 右側的功能表單：「More results」，尚可提供額外之統計資訊，例如：R^2、相關矩陣或共變項矩陣、模式摘要表與模式間之比較結果。

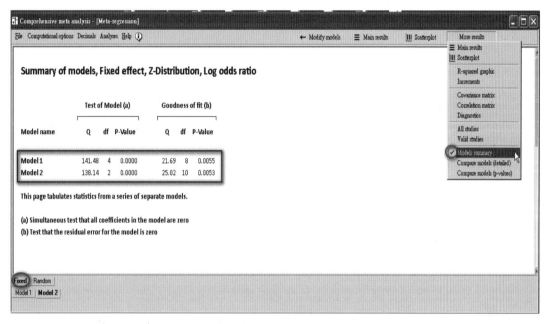

圖 3-53　模式一與模式二的摘要表：固定效果

　　圖 3-53 中，模式一與模式二的統計摘要表，係綜合自圖 3-51 與圖 3-54 之統計分析結果。由圖 3-53 中之 Test of Model（a）欄位顯示，不管是模式一或模式二提議的共變項，有助於改善研究效果值的預測力（p = .0000）；但這些提議的共變項是否已能完全預測研究效果值，須由 Goodness of fit（b）欄位內的適配度考驗結果進行考驗；本例顯示尚有未預測到的變異量（p = .0055 和 p = .0053）。換言之，緯度、分派別與年代無法完全預測到研究效果值。此時，研究者會面臨到底要使用隨機效果模式或繼續探尋其他有效的共變項，以進行次群體或整合迴歸分析。

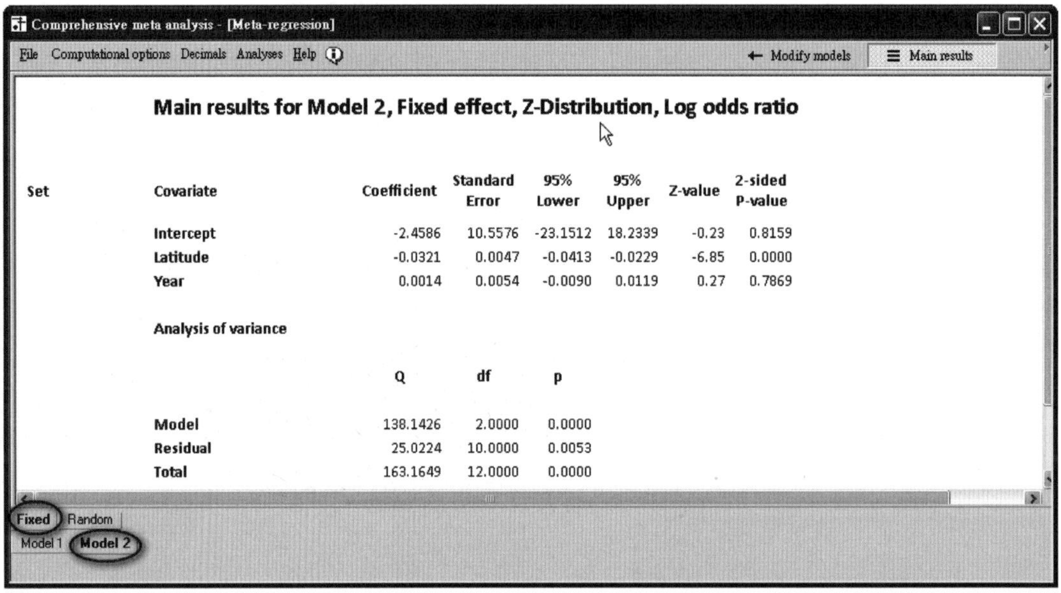

Main results for Model 2, Fixed effect, Z-Distribution, Log odds ratio

Set	Covariate	Coefficient	Standard Error	95% Lower	95% Upper	Z-value	2-sided P-value
	Intercept	-2.4586	10.5576	-23.1512	18.2339	-0.23	0.8159
	Latitude	-0.0321	0.0047	-0.0413	-0.0229	-6.85	0.0000
	Year	0.0014	0.0054	-0.0090	0.0119	0.27	0.7869

Analysis of variance

	Q	df	p
Model	138.1426	2.0000	0.0000
Residual	25.0224	10.0000	0.0053
Total	163.1649	12.0000	0.0000

圖 3-54　模式二主要分析結果：固定效果

圖 3-54 爲模式二固定效果模式下主要結果的輸出表單，其左下角的固定效果（Fixed）與隨機效果（Random）按鈕，可讓研究者進行這兩種模式間統計結果之切換。該圖上半部統計量提供了當其他共變項影響力排除之後，每一共變項對於效果值的淨影響力。這些淨影響力係數的值爲負時（例如：Latitude），表示該共變項的值愈大（緯度愈高），預防注射對於肺結核病的效能愈好。另外，就 Year 共變項而言，其統計考驗結果（z = .27, p = .7869），顯示其效果值與 Year 關係不顯著。

就固定效果而言，理論模式（共變項可解釋到的部分）的 p 值，旨在考驗預測模式是否能解釋效果值的變異量。本例 Q 值爲 138.1426，df = 2，p 值爲 .0000；因此，此預測模式可以有效解釋效果值的部分變異量。換言之，至少有一共變項與效果值大小具有顯著相關。殘差（共變項無法解釋到的部分）旨在考驗模式的基本假設是否成立：相同預測值的研究具有共同效果值（a common effect size）。本例 Q 值爲 25.0224，df=10，p 值爲 .0053；顯示此固定效果模式不是一個理想的模式（違反固定效果模式的基本假設）。因此，採用隨機效果模式可能比較適當，或者須進行調節變項分析；因爲模式尚不完善，知道了 latitude 與 year 的研究相關屬性之後，研究者仍然無法完全預測各研究的效果值。

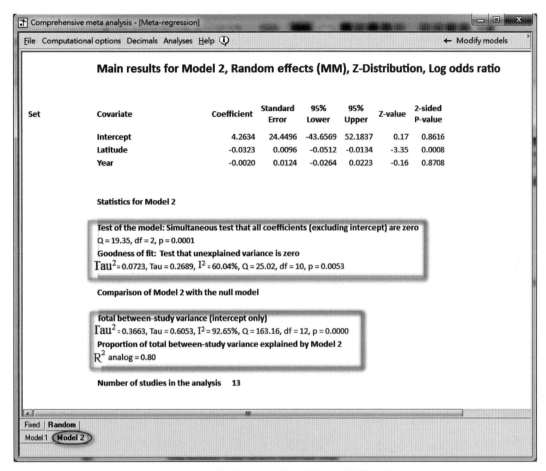

圖 3-55　模式二主要分析結果：隨機效果

　　請讀者利用圖 3-55 左下角隨機效果（Random）與模式二（Model 2）的按鈕，切換到模式二隨機效果模式。由圖 3-55 的 Test of the model 統計摘要結果得知：模式二隨機效果模式中所提議的共變項，有助於改善研究效果值的預測力（Q = 19.35, p = .0001）；但這些提議的共變項是否已能完全預測研究效果值，須由 Goodness of fit 的適配度考驗結果進行考驗；本例顯示尚有未預測到的變異量（Q = 25.02, p = .0053）。除了「Main results」之外，圖 3-56 的右側功能表單，「More results」尚可提供額外之統計資訊，例如：R^2、相關矩陣或共變項矩陣、模式摘要表與模式間之比較結果。

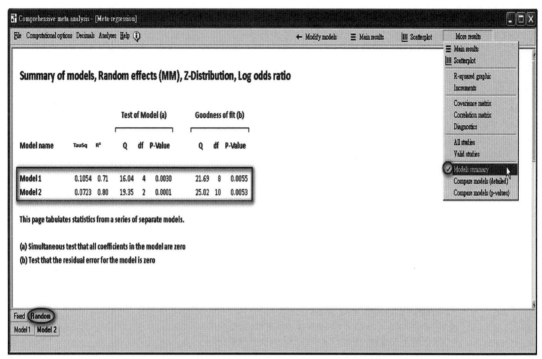

圖 3-56　模式一與模式二之摘要表：隨機效果

　　圖 3-56 中，模式一與模式二的統計摘要表，係綜合自圖 3-52 與圖 3-55 之統計分析結果。由 Test of Model（a）欄位顯示，不管是模式一或模式二提議的共變項，均有助於改善研究效果值的預測力（p = .0030 和 p = .0001）；但這些提議的共變項是否已能完全預測研究效果值，須由 Goodness of fit（b）欄位內的適配度考驗結果進行考驗；本例顯示尚有未預測到的變異量（p = .0055 和 p = .0053）。換言之，以上兩個理論模式，均無法完全預測到各研究之效果值。此時，研究者會面臨到要繼續進行次群體或整合迴歸分析的抉擇。

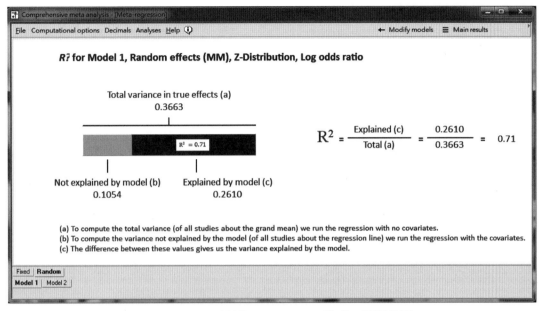

圖 3-57　CMA 圖解 R-squared：模式一隨機效果

　　圖 3-57 中，橫條上數據 0.3663 為研究間效果值的真正變異量，可以分割成兩部分：一為可由模式預測到的變異量（0.2610），一為無法由模式預測到的變異量（0.1054）。讀者不難發現圖 3-57 與圖 3-58 中模式未解釋到（Not explained by model，亦即殘留的研究間變異量）的比率為 0.1054 和 0.0723，即是模式一與模式二的 tau-squared 值（研究效果值的變異量，參見圖 3-56）；至於在固定效果模式下，tau-squared 值係假定為 0。圖 3-58 中 R^2 = .80（共變項能解釋的百分比，計算方法請參見圖內之文字說明），代表效果值的研究間，真正變異量中有 80% 可以藉由共變項加以解釋或預測到。

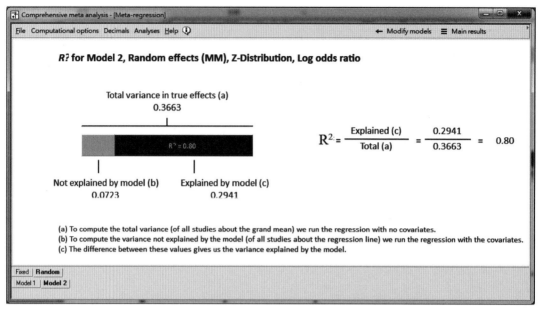

圖 3-58　CMA 圖解 R-squared：模式二隨機效果

　　注意「More results」所提供額外之 R^2 統計量，係爲模式一與模式二 TauSq 的函數：$R^2 = \dfrac{0.3663 - 0.1054}{0.3663} = \dfrac{0.2610}{0.3663} = 0.71$（模式一），$R^2 = \dfrac{0.3663 - 0.0723}{0.3663} = \dfrac{0.2941}{0.3663} = 0.80$（模式二），參見圖 3-57 及圖 3-58 的相關定義；圖 3-59 模式二係僅含截距項的理論模式，用來計算總變異量。R^2 之計算，須借助於模式一與模式二的 TauSq（參見圖 3-56 及圖 3-58 左側之相關數據）；兩個理論模式之設定，參見圖 3-59 右側視窗。

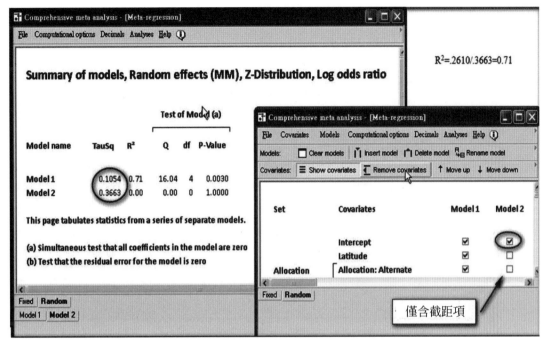

圖 3-59　CMA 隨機效果模式 R^2 的計算

　　另外，在固定效果模式下，係假定所有研究分享共同效果值，因而研究間之變異量為 0（參見圖 3-60 之內文說明）；因此，導致無法計算固定效果模式之 R^2。

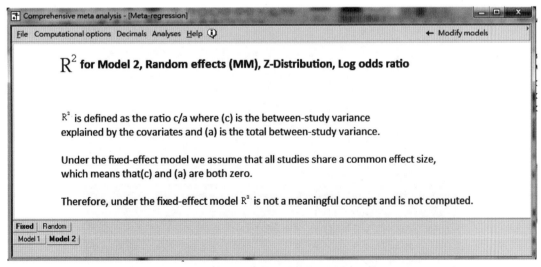

圖 3-60　CMA 無法顯示固定效果模式之 R^2 的原因

圖 3-61 係模式內各參數間之相關矩陣，CMA 亦可輸出其共變數矩陣，請點選「More results」下之「Covariance Matrix」選單。

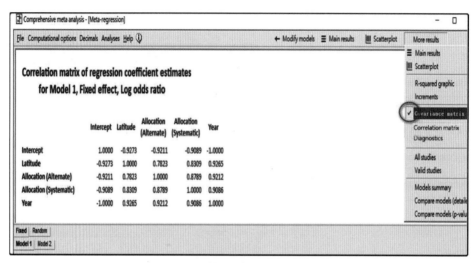

圖 3-61　迴歸估計值間之相關矩陣

Part 4 工作到此告一段落，接著，進入 Part 5 圖表製作階段，請參見圖 3-62。

（五）製作圖表

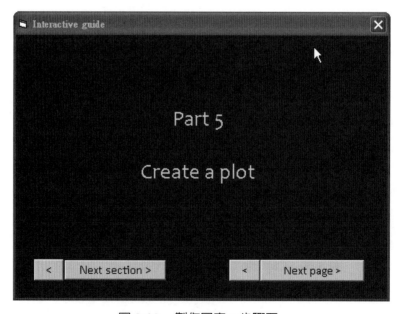

圖 3-62　製作圖表：步驟五

步驟五旨在教導如何建立與顯示整合迴歸分析圖表或相關方程式。圖 3-63 內部阿拉伯數字①～④，係 CMA 散布圖的四大操作步驟，茲依序說明如下：

1. 點擊「Scatterplot」表單，參見①。

2. 利用圖 3-63 左下角按鈕，選擇固定效果模式或隨機效果模式（Fixed 或 Random），參見②。

3. 利用圖 3-63 左下角按鈕，選擇提議模式（Model 1 或 Model 2），參見③。

4. 設定 X 軸的共變項，可以利用滑鼠右鍵點擊 X 軸 Latitude 標題後，就會出現可用的共變項，供研究者點選更換共變項，參見④。

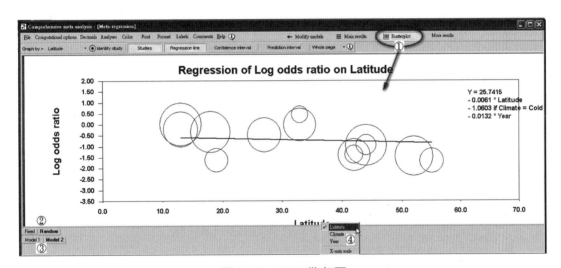

圖 3-63　CMA 散布圖

點開圖 3-64 表單「Comments → Show equation」，迴歸方程式即會顯示在 CMA 散布圖內。

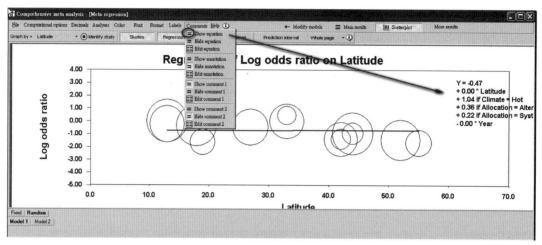

圖 3-64　CMA 散布圖：顯示方程式

　　散布圖中方程式的呈現位置，須藉由圖 3-65 之 CMA 的功能表單「Comments」下的操作指令「Edit equation」，進行設定。迴歸方程式的移動，可採水平移動或垂直移動，移動方法請參見圖 3-65～圖 3-69。

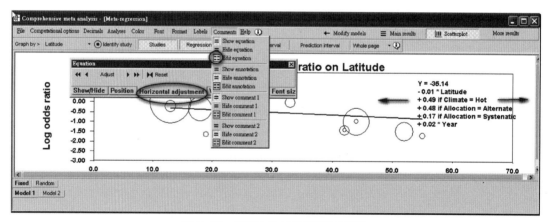

圖 3-65　方程式水平位置的移動

　　方程式的內定顯示格式為多行（如圖 3-65），如欲單行顯示，請點選圖 3-66 的「Position」，再點擊「One-line」按鈕。圖 3-67 係單行方程式的顯示圖例。

方程式單行顯示　　方程式多行顯示

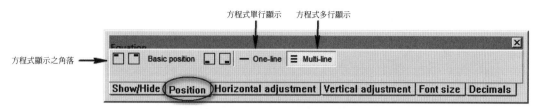

圖 3-66　　方程式顯示位置與移動選目

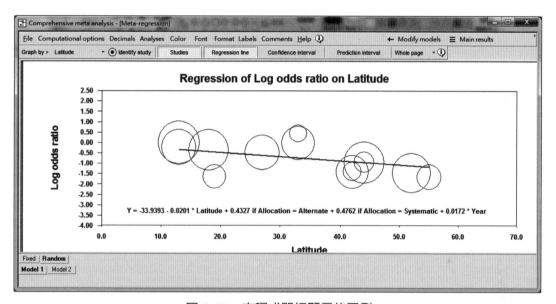

圖 3-67　　方程式單行顯示的圖例

　　方程式的內定顯示位置在圖形右側（如圖 3-65），如欲更換位置顯示，請利用圖 3-66「Basic position」的角落按鈕（　　　）及圖 3-68 方程式上下之移動按鈕，進行位置之調整；如欲讓方程式左右移動，須按「Horizontal adjustment」（圖 3-68），再按　　　　　　　　　　調整；如欲讓方程式上下移動，須按「Vertical adjustment」（圖 3-68），再按　　　　　　　　　　調整。圖 3-69 係單行方程式顯示於圖形正上方的實例。如欲方程式回復到原始顯示位置，請點選「Reset」按鈕。

方程式上下移動按鈕

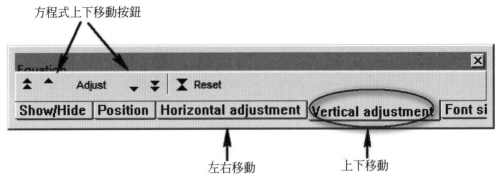

左右移動　　　　　　　上下移動

圖 3-68　方程式上下之移動按鈕

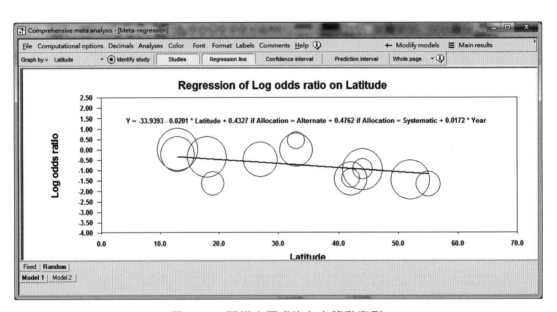

圖 3-69　單行方程式往上之移動實例

Part 5 工作到此告一段落，接著，進入 Part 6 輸出統計量之設定階段，請參見圖 3-70。

（六）設定輸出統計量

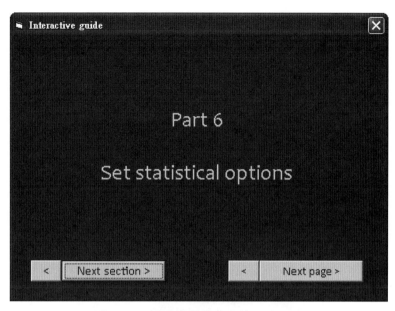

圖 3-70　輸出統計量之設定：步驟六

步驟六旨在說明如何設定整合迴歸分析的運算方法與輸出報表，設定方法請參見圖 3-71CMA 功能表單「Computational options」之下的設定選單。

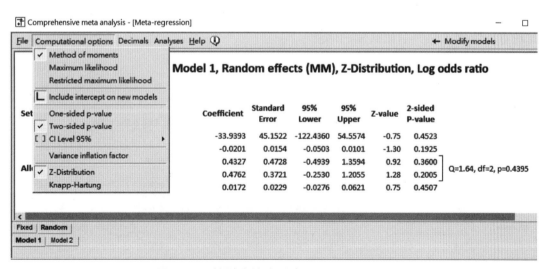

圖 3-71　統計方法之設定：Z-Distribution

當研究篇數夠大或採固定效果模式時，請選用 Z-Distribution，組內變異量使用 Z 考驗，組間變異量使用 Q 考驗，參見圖 3-71。

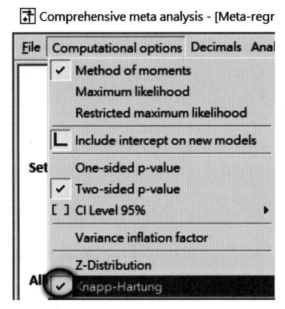

圖 3-72　Knapp-Hartung 校正法估計變異量

當研究的篇數不大且為隨機效果模式時，請選用圖 3-72 的 Knapp-Hartung 校正法估計變異量，本法組內變異量使用 t 考驗，組間變異量使用 F 考驗，參見圖 3-73，此法會影響到 p 值與信賴區間的估計。

Main results for Model 1, Random effects (MM), Knapp Hartung, Log odds ratio

Set	Covariate	Coefficient	Standard Error	95% Lower	95% Upper	t-value df = 7	2-sided P-value	
	Intercept	-0.4653	54.3392	-128.9571	128.0265	-0.01	0.9934	
	Latitude	0.0013	0.0229	-0.0528	0.0554	0.06	0.9569	
	Hot	1.0399	0.7417	-0.7139	2.7937	1.40	0.2036	
Allocation	Allocation: Alternate	0.3593	0.5205	-0.8716	1.5901	0.69	0.5123	F=0.24, df=2, dfErr=7, p=0.7930
	Allocation: Systematic	0.2154	0.4483	-0.8446	1.2755	0.48	0.6455	
	Year	-0.0005	0.0278	-0.0662	0.0651	-0.02	0.9854	

圖 3-73　統計方法之設定：Knapp-Hartung Approach

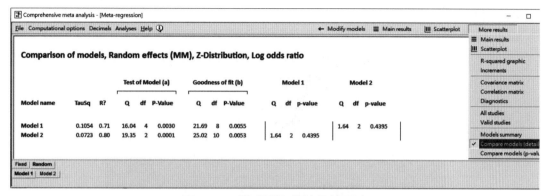

圖 3-74　模式間比較結果摘要表

　　CMA 可以將所有模式的分析結果，彙整於一個表單之內以利比較，如圖 3-74 及圖 3-75 所示。

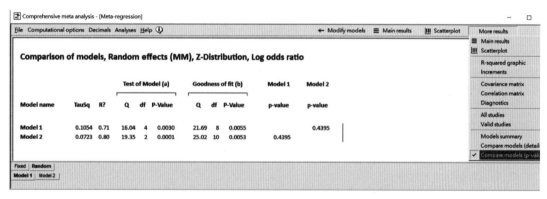

圖 3-75　模式間比較結果精簡摘要表

　　Part 6 工作到此告一段落，最後進入 Part 7 與 Part 8 為整合迴歸分析結果的輸出與存檔階段，參見圖 3-76 與圖 3-77。

（七）輸出分析結果

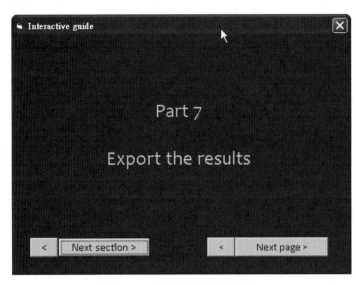

圖 3-76 結果輸出：步驟七

　　CMA 提供兩種報表輸出的方式：一為存成 Excel 檔（Save results as Excel file），一為拷貝到剪貼簿而存成圖檔（Copy results to clipboard as picture），參見圖 3-78「File」下的功能表單。

（八）分析結果存檔

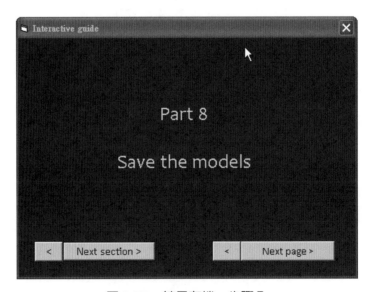

圖 3-77 結果存檔：步驟八

以下步驟，旨在示範如何進行整合迴歸分析結果的輸出與存檔。

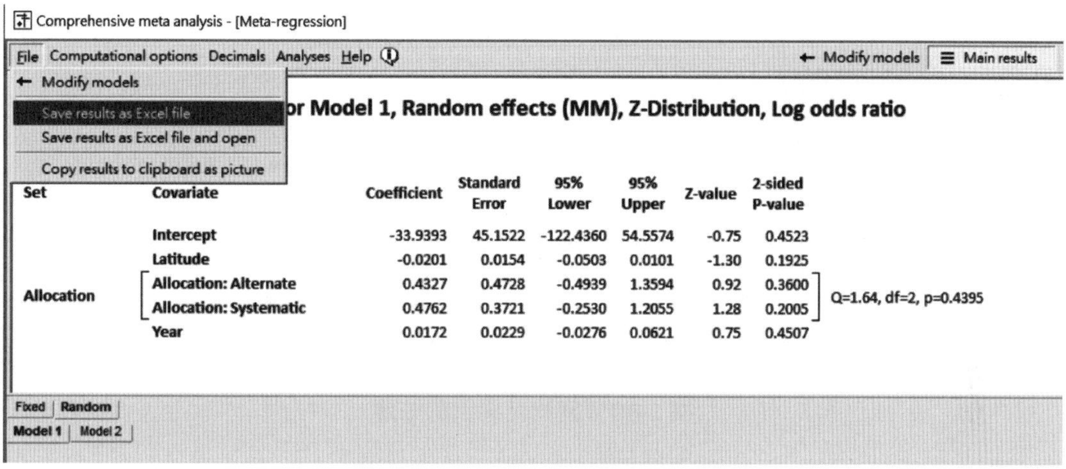

圖 3-78　存成 Excel 檔案表單

利用 CMA 的功能表單 File 下「Save results as Excel file」，將圖 3-78 的結果儲存到 Excel 表單中，就可進行 Excel 檔案的儲存，參見圖 3-79 之 Excel 表單內容。

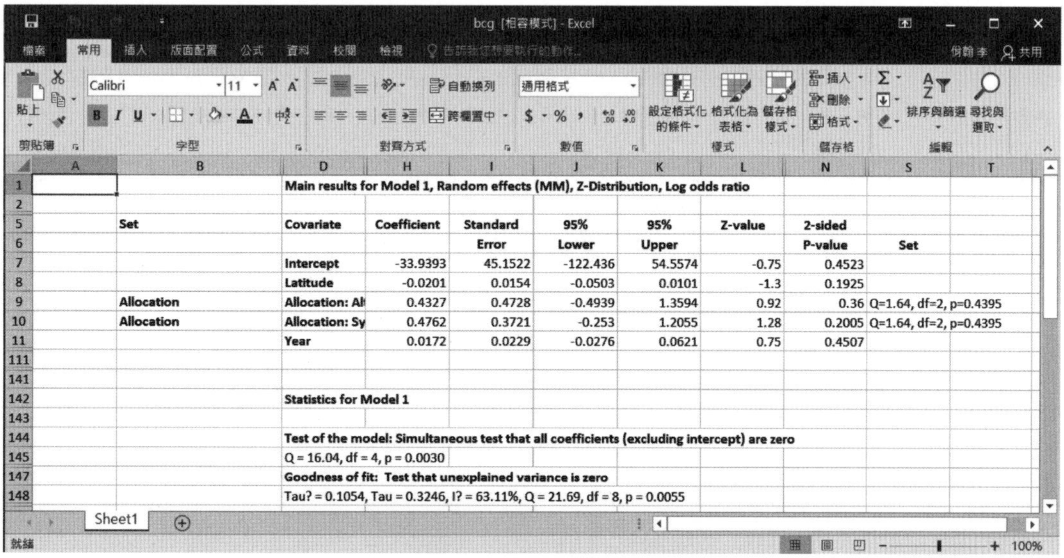

圖 3-79　存成 Excel 檔案

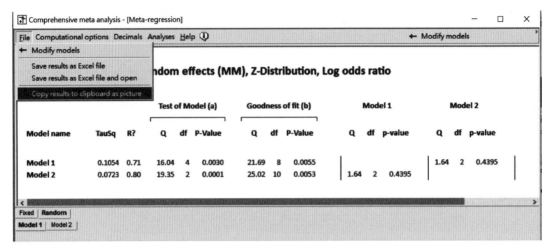

圖 3-80　拷貝結果到剪貼簿

　　使用者亦可利用 CMA 指令「Copy results to clipboard as picture」，拷貝圖 3-80 的結果到剪貼簿；因係一圖檔（參見圖 3-81），使用者可以在 WORD 及 PPT 文件中自由插入運用，對於論文報告與剪報製作，堪稱便捷。

Comparison of models, Random effects (MM), Z-Distribution, Log odds ratio

Model name	TauSq	R?	Test of Model (a)			Goodness of fit (b)			Model 1			Model 2		
			Q	df	P-Value	Q	df	P-Value	Q	df	p-value	Q	df	p-value
Model 1	0.1054	0.71	16.04	4	0.0030	21.69	8	0.0055				1.64	2	0.4395
Model 2	0.0723	0.80	19.35	2	0.0001	25.02	10	0.0053	1.64	2	0.4395			

圖 3-81　拷貝結果存成圖檔：供 WORD 及 PPT 插入用

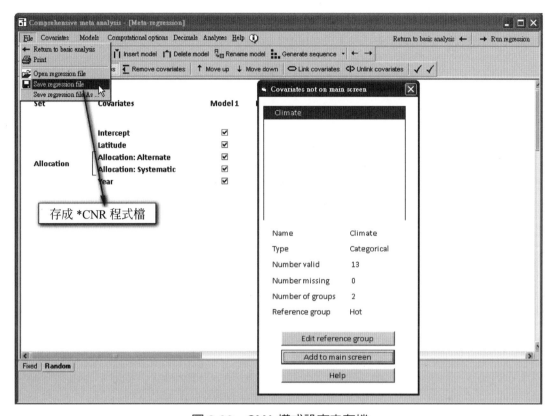

圖 3-82　CMA 模式設定之存檔

　　CMA 理論模式設定後，研究者也可以利用圖 3-82 左上角之存檔表單「Save re-gression file」或「Save regression file As」，進行存檔，其副檔名為 *cmr。該檔案會儲存共變項表單、模式表單、模式下勾選之表單、共變項集與模式之名字；其他統計方法的設定則不會儲存。之後，可由 CMA 表單「File」下的選單「Open regression file」加以開啟此模式設定檔。

第 4 章

CMA 資料編輯器
之 Toolbars 簡介

　　圖 4-1 係 CMA 資料編輯視窗，與 Excel 表單很類似，為研究者建檔的主要表單，表單上頭的 Toolbars 工具，提供研究者快速進行資料內容之編修、格式之設定、小數位數之增減、效果值資料欄位之建立、資料檢查等。事實上，這些 Toolbars 圖像在 CMA 功能表單（如 File 和 Edit）之下，均可找到相對應的文字型表單。例如： 　　的文字型表單就在 Edit 之下；因此，研究者只要點選該圖像，就不必到不同表單下去翻找。為便利 CMA 使用者的操作運用與查考，筆者將 CMA 資料編輯器中 Toolbars 圖像進行編碼，並依編碼順序逐一簡介如下。

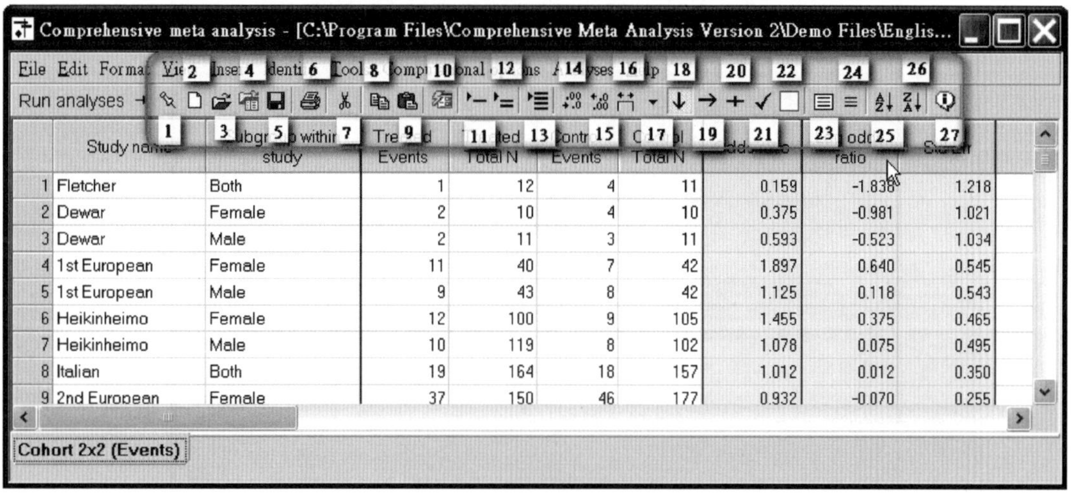

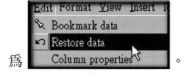

圖 4-1　CMA 資料編輯器中 Toolbars 簡介

1：Bookmark

　　針對目前資料輸入的最後狀態進行標記（「Edit」→「Bookmark data」），以利後續回復到資料更動前之狀態，回復的方法是使用「Edit」→「Restore data」，其表單

為 [Edit Format View Insert | Bookmark data / Restore data / Column properties] 。

2：New file

　　點擊後，就會出現 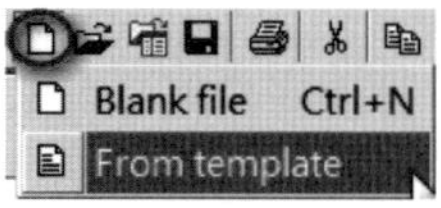 [Blank file Ctrl+N / From template]，可以開啟新的 CMA 資料編輯空白視窗（Blank file）與資料輸入樣板（From template）。

3：Open

開啓舊有的 CMA 資料檔案。

4：Opening screen wizard

開啓 CMA 線上協助精靈，參見圖 4-2 之 CMA 線上協助精靈。

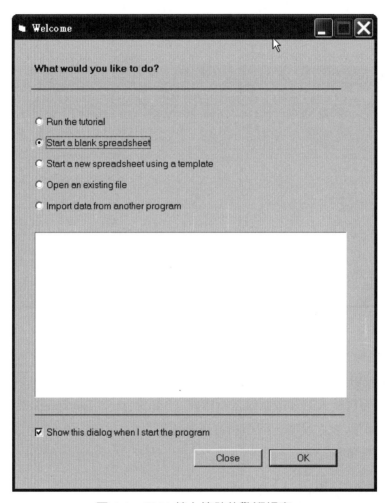

圖 4-2　CMA 線上協助的歡迎視窗

5：Save

儲存 CMA 建檔資料。

6：Print

在資料編輯狀態的 CMA，列印前請先標記待列印之區塊再執行列印。

7：Cut

刪除前請先標記待刪除之細格或區塊，再執行刪除。

8：Copy selection

拷貝前請先標記待拷貝之細格或區塊，再執行拷貝。

9：Past

執行「Copy selection」之後，再執行此貼入資料的指令。

10：Insert column for effect size data

插入效果值資料的輸入欄位，CMA 會出現資料輸入精靈，協助你進行適當的研究設計選擇與格式設定。

11：Insert blank row

增加一空白行。

12：Insert blank rows

增加自我設定個數的空白行。

13：Insert study

用以加速研究名稱與多重研究結果名稱的輸入速度，例如：以圖 4-3 之實例，研究者只要輸入 Study A 的兩個 outcome 名稱：female 和 male 之後，就可利用 CMA 的 Insert study 的內建功能，快速插入研究與依變項名稱。

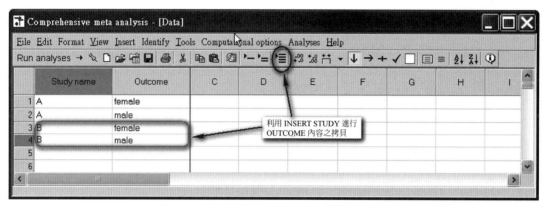

圖 4-3　CMA 的 Insert study 的內建功能

其次，在圖 4-4 視窗中請勾選「Add row for every outcome」，再輸入待拷貝 Outcome 內容之研究名稱（如 B）。

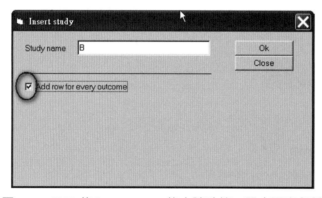

圖 4-4　CMA 的 Insert study 的內建功能：設定研究名稱

14：Decrease decimal ⊹⋅⁰₀

減少小數位數。

15：Increase decimal ⊹⋅⁰₀₀

增加小數位數。

16：Autosize widths ⊓

自動調整欄位寬度。

17：Use drop down box for data entry ▼

　　CMA 的研究內次群體名稱的內建功能，使用者只要點選功能表單 ▼ 之後，就可在「Subgroups within study」的欄位下出現 ▼ 的選單，快速建立研究內次群體的名稱，參見圖 4-5 之實例。

	Study name	Subgroup within study	Treated Events	Treated Total N	Control Events	Control Total N	Odds ratio	Log odds ratio	Std Err	J	K
1	Fletcher	Both ▼	1	12	4	11	0.159	-1.838	1.218		
2	Dewar	Both	2	10	4	10	0.375	-0.981	1.021		
3	Dewar	Female	2	11	3	11	0.593	-0.523	1.034		
4	1st European	Male	11	40	7	42	1.897	0.640	0.545		
5	1st European	Male	9	43	8	42	1.125	0.118	0.543		
6	Heikinheimo	Female	12	100	9	105	1.455	0.375	0.465		
7	Heikinheimo	Male	10	119	8	102	1.078	0.075	0.495		
8	Italian	Both	19	164	18	157	1.012	0.012	0.350		
9	2nd European	Female	37	150	46	177	0.932	-0.070	0.255		
10	2nd European	Male	32	223	48	180	0.461	-0.775	0.255		

圖 4-5　CMA 的研究內次群體名稱的內建功能

18：Data entered down ↓

　　向下繼續輸入資料。

19：Data entered to right →

　　向右繼續輸入資料。

20：Customize computed effect size display ✚

　　利用滑鼠左鍵，點擊 ✚ 圖像，就會出現圖 4-6 之效果值指標的選擇視窗；可讓研究者設定待分析的主要效果值指標（The primary index）與欲在資料表單中呈現的其他相關統計指標。

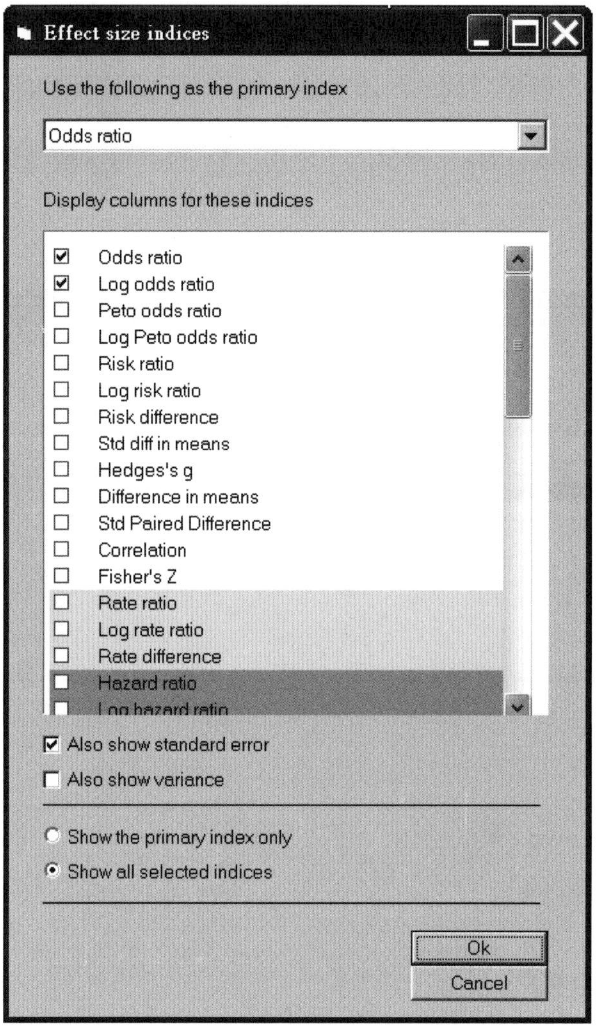

圖 4-6　待分析效果值指標的選擇視窗

21：Check data ✓

　　研究者可以利用此指令，檢查資料輸入是否仍有遺漏或多餘。如果有，CMA 會在資料輸入視窗的相關細格中出現紅色背景的警示區塊，請參考「Remove red backcolor」指令。

22：Remove red backcolor ☐

　　在執行 CMA 時，假如發現資料編輯區內有該輸入資料的細格未輸入，或不該輸入資料的細格出現數據時，CMA 會以紅色背景（參見圖 4-7 左上角）警告使用者何

處有問題（如圖 4-7 中有一研究名稱漏填及研究 4 的相關係數大於 1）。處理後，使用者可以使用此指令刪除紅色背景區塊的警示。

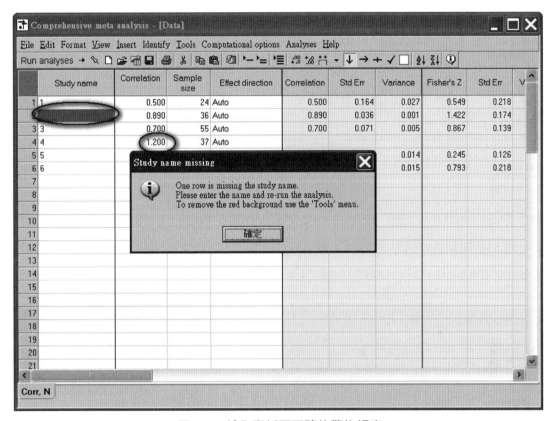

圖 4-7　輸入資料不正確的警告視窗

23：Merge rows

此指令用於各研究結果內有次群體時，進行研究名稱的合併，如圖 4-8 所示。

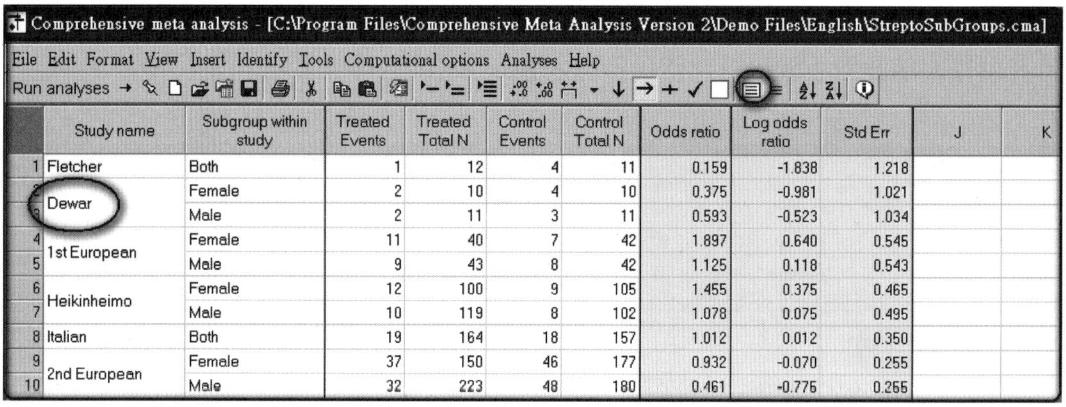

圖 4-8　研究名稱的合併顯示

24：Show each row ≡

此指令用於各研究結果內有次群體時，進行研究名稱的分離顯示，如圖 4-9 所示。
「Merge rows」和「Show each row」可交替使用。

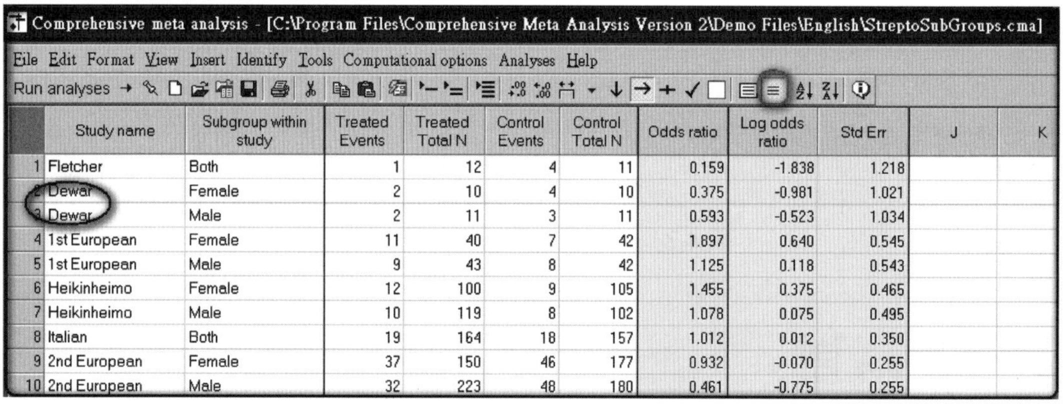

圖 4-9　各研究名稱的分離顯示

25：Sort A to Z

由小而大或由 A 至 Z，進行資料排序，排序前請先設定排序的基準欄位，請利
用滑鼠左鍵點選基準欄位的抬頭（Title）。

26：Sort Z to A

由大而小或由 Z 至 A 進行資料排序，排序前請先設定排序的基準欄位，請利用

滑鼠左鍵點選基準欄位的抬頭。

27：Interactive guide

按下此按鈕，會出現 CMA 線上協助精靈（如圖 4-10），進行資料輸入方法的
說明。

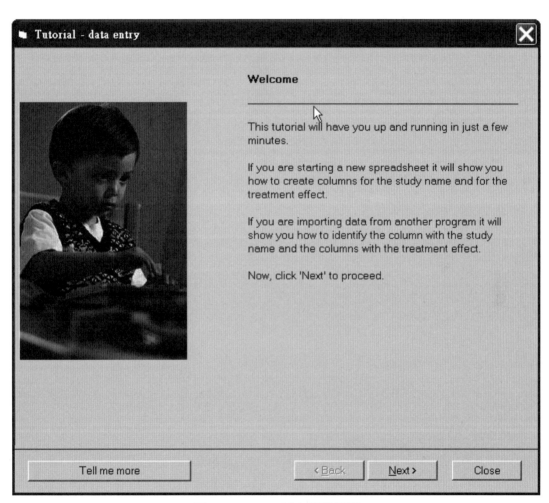

圖 4-10　CMA 線上協助精靈

第 5 章
研究內次群體分析

　　研究內次群體（Subgroups within study）分析，適用於獨立樣本之資料分析，利用 CMA 來分析的操作步驟，依序介紹如下：首先，點選 CMA 表單「Insert」下之「Column for...」、「Study names」和「Subgroups within study」，如圖 5-1 功能表單所示。在次群體資料的輸入過程中，可利用第 4 章（P.113）所提及的圖像 17（ ▼ ），加速次群體的命名工作。

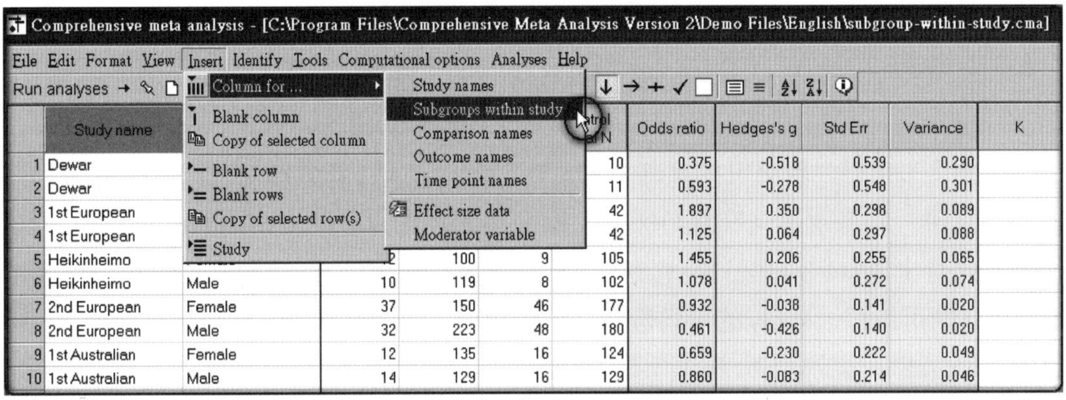

圖 5-1　「Subgroups within study」之 CMA 選單

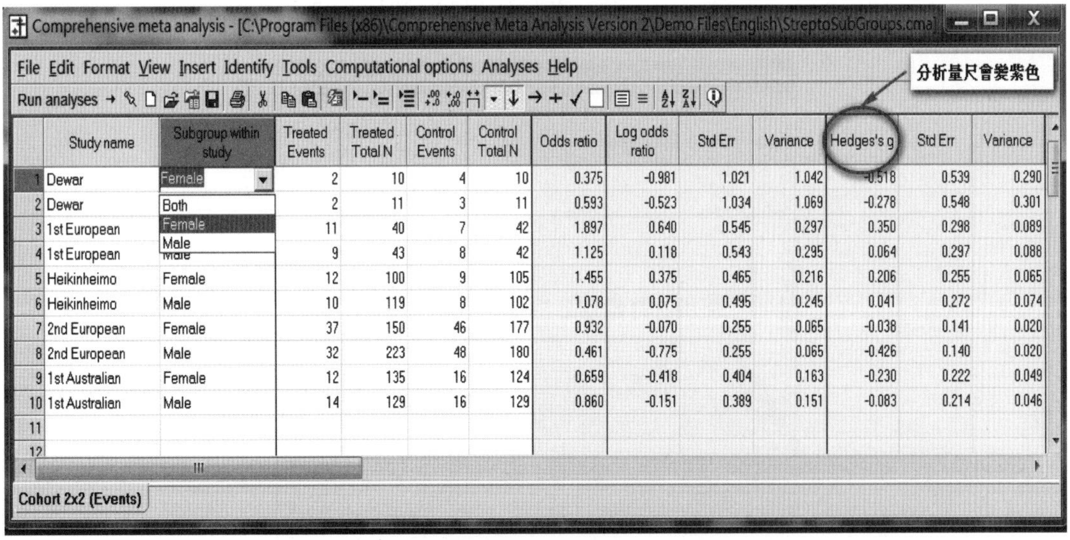

圖 5-2　「Subgroup within study」之欄位及 data 輸入欄位的實例

　　其次，利用 CMA「Set primary index」的功能（請在圖 5-2 之右側使用滑鼠右鍵點擊黃色區塊設定之），設定 Hedges's g 作為整合分析的分析量尺（為獲得各次群體的變異量），如圖 5-2 之 Hedges's g 紫色欄位。

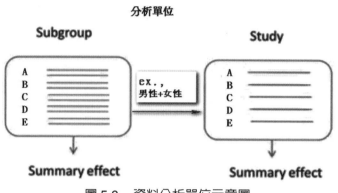

圖 5-3　資料分析單位示意圖

由圖 5-3 資料分析單位示意圖可知，A、B、C、D、E 五個研究內，均含有男性與女性資料。如果視男女性資料為完全獨立無關，則以研究內之 subgroup 為分析單位，共計有十筆資料可進行整合分析（參見圖 5-3 左圖）；如果男女性資料具有高度同質性，則可以每一 study 的平均數作為分析單位，共計有五筆資料進行整合分析（參見圖 5-3 右圖）。

執行 CMA「Run analyses」之後，打開圖 5-4 的「Select by...」視窗（在 Computational options 表單下），點開「Subgroups」。

圖 5-4　「Select by...」之 CMA 選單：以次群體為分析單位

由圖 5-4 中間內容選單可知，研究者可以採用「研究內次群體」（Use subgroup within study）作為分析單位，其分析結果如圖 5-5 所示；研究者亦可採用「各個研究」（Use study）作為分析單位，其分析結果如圖 5-7 所示。

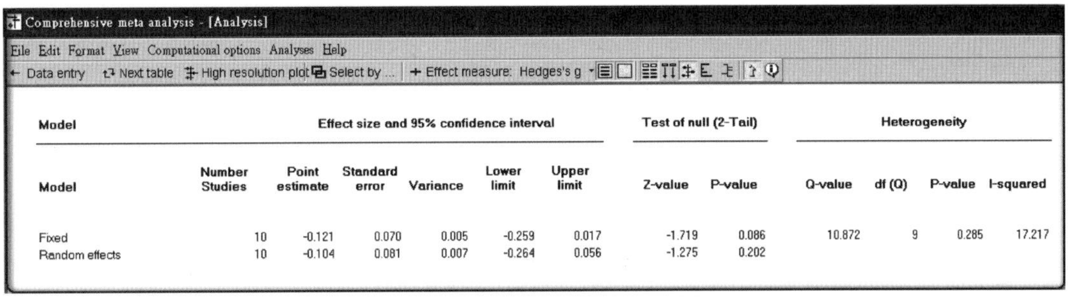

圖 5-5　整合分析結果：研究內之以次群體為分析單位

由圖 5-5 之研究數（Number Studies）為 10，可知此分析係以次群體為分析單位。

圖 5-6　「Select by...」之 CMA 選單：以研究為分析單位

如以研究的平均數為分析單位（合併次群體，參見圖 5-6 選單），研究樣本數將減少為 5，其分析結果如圖 5-7 所示。

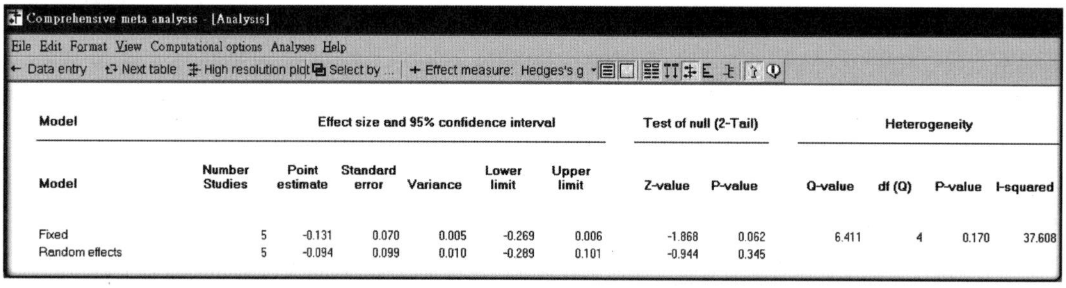

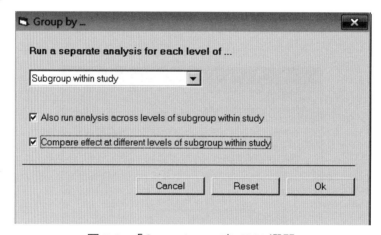

Model		Effect size and 95% confidence interval					Test of null (2-Tail)		Heterogeneity			
Model	Number Studies	Point estimate	Standard error	Variance	Lower limit	Upper limit	Z-value	P-value	Q-value	df (Q)	P-value	I-squared
Fixed	5	-0.131	0.070	0.005	-0.269	0.006	-1.868	0.062	6.411	4	0.170	37.608
Random effects	5	-0.094	0.099	0.010	-0.289	0.101	-0.944	0.345				

圖 5-7　整合分析結果：以研究的平均數為分析單位

　　另外，研究者如欲進行次群體間的效果值統計考驗，請利用圖 5-8 之「Group by...」選單（亦在 Computational options 表單下），設定研究內次群體變項與勾選其下的兩個選單，以進行組間的差異性考驗。

圖 5-8　「Group by...」之 CMA 選單

圖 5-9 係次群體效果值間的差異性統計考驗結果：

圖 5-9　次群體效果值間的統計考驗

根據圖 5-9 中的固定效果模式分析（fixed effect analysis）結果來看，10.872-8.503 = 2.368（df = 1, p = .124），其 Total between 的 Q 值未達統計上 .05 之顯著水準，顯示男女間的效果估計值沒有顯著差異，Total within 的 Q 值也未達統計上 .05 顯著水準（p = .386）。混合模式的 Q 值也未達統計上 .05 之顯著水準（p = .181）。

第 6 章

多重結果、多重比較與
多時間點的資料分析

◆ 一、資料輸入方法

多重結果（Outcome names，如血栓、死亡）、多重比較（Comparison names，如血壓、血脂肪）與多時間點（Time point names，如每隔 3 個月測量一次）的資料輸入方法，適合於每一研究含有一個以上的研究結果（係相依樣本資料）。多重結果的 CMA 操作步驟為：首先點選圖 6-1 的功能表單 Insert → Column for... → Study names，替 Study names 建立欄位；接著，點選 Insert → Column for... → Outcome names，替 Outcome names 建立欄位。

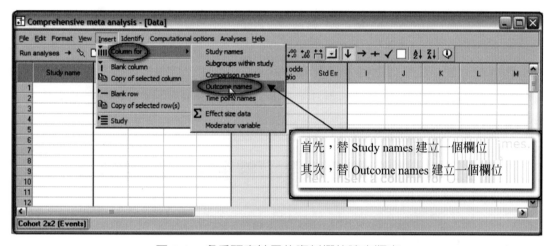

圖 6-1　多重研究結果的資料欄位建立順序

接著，點選圖 6-2 的功能表單 Insert → Column for... → Effect size data，建立原始資料之輸入欄位，以便輸入相關數據。本節 CMA 之操作步驟，亦適用於多重比較與多時間點之重複施測量數的資料分析上。

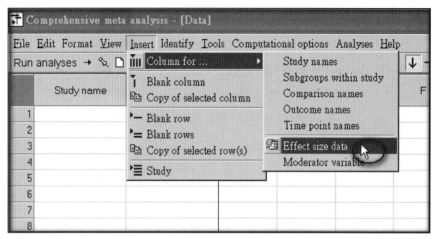

圖 6-2 效果值資料欄位的建立

因為建立效果值資料之輸入欄位，端視研究類型與資料格式而定。當研究者點選圖 6-2 的表單後，CMA 就會跳出圖 6-3 之研究類型的選單與圖 6-4 之資料輸入格式，供研究者進行選擇。

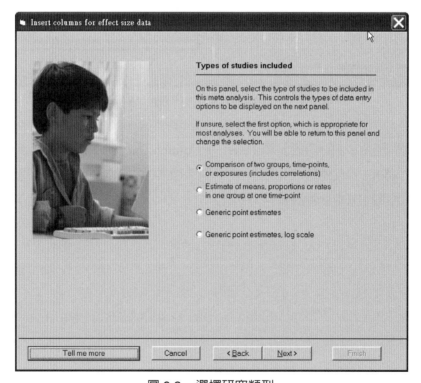

圖 6-3 選擇研究類型

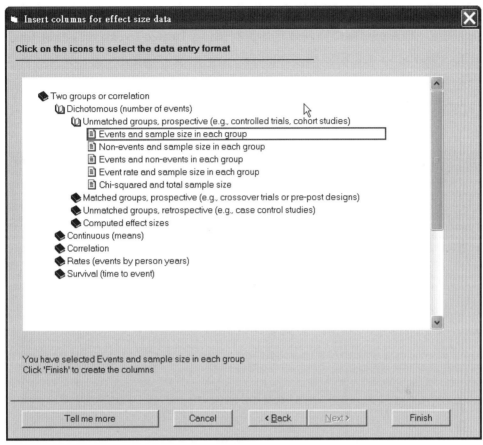

圖 6-4　選擇資料輸入之格式

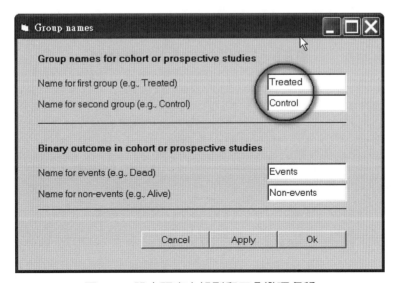

圖 6-5　設定研究之組別和二分變項名稱

當你在圖 6-5 中設定了研究組別名稱（Treated 和 Control）之後，多重研究結果的 Study 欄位、Outcome 欄位與各效果值資料欄位（Treated Events～Control Total N），即會出現在圖 6-6 中（資料建檔表單的第一至第六欄位頂端）。圖 6-7 為阿斯匹靈療效之建檔實例，係多重研究結果，各欄位資料已建檔完畢，且效果值也計算成功的狀態，正待研究者進行整合分析。

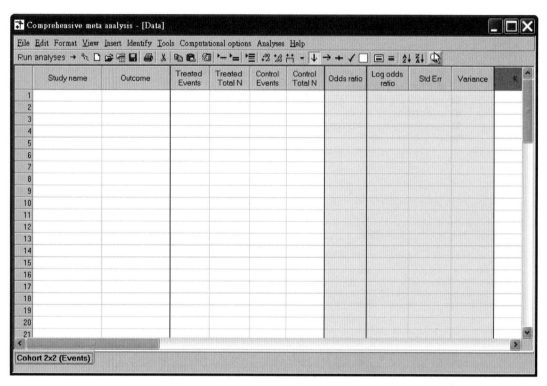

圖 6-6　多重研究結果的欄位建檔表單

	Study name	Outcome	Treated Events	Treated Total N	Control Events	Control Total N	Odds ratio	Log odds ratio	Std Err	J	K
1	Fletcher	Death	1	12	4	11	0.159	-1.838	1.218		
2	Fletcher	Myocardial	2	12	4	12	0.400	-0.916	0.987		
3	1st Myocardial	Myocardial	51	277	87	327	0.623	-0.474	0.199		
4	Dewar	Death	4	21	7	21	0.471	-0.754	0.723		
5	Dewar	Myocardial	4	24	8	22	0.350	-1.050	0.705		
6	1st European	Death	20	83	15	84	1.460	0.379	0.383		
7	1st European	Myocardial	18	88	14	87	1.341	0.293	0.394		
8	Heikinheimo	Death	22	219	17	207	1.248	0.222	0.339		
9	Heikinheimo	Myocardial	23	244	16	200	1.197	0.180	0.340		
10	Italian	Death	19	164	18	157	1.012	0.012	0.350		
11	Italian	Myocardial	21	177	14	147	1.279	0.246	0.365		
12	2nd European	Death	69	373	94	357	0.635	-0.454	0.180		
13	2nd Frankfurt	Death	13	102	29	104	0.378	-0.973	0.369		

圖 6-7　多重研究結果各欄位已建檔之資料

◆二、資料分析步驟

執行 CMA（Analyses → Run analyses）之後，接著點選 CMA 選單「Computational

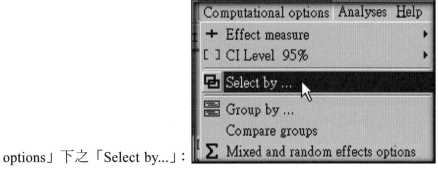

options」下之「Select by...」：　　　　　　　　　　　　　　　　　　；或使用滑鼠右

鍵再點選圖 6-8 中的「Outcome」欄位，即會出現「Select by Outcome」選單：

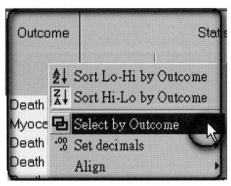

之後，即會出現圖 6-8 右側視窗之研究結果的選

擇表單，研究者擇一應用即可。

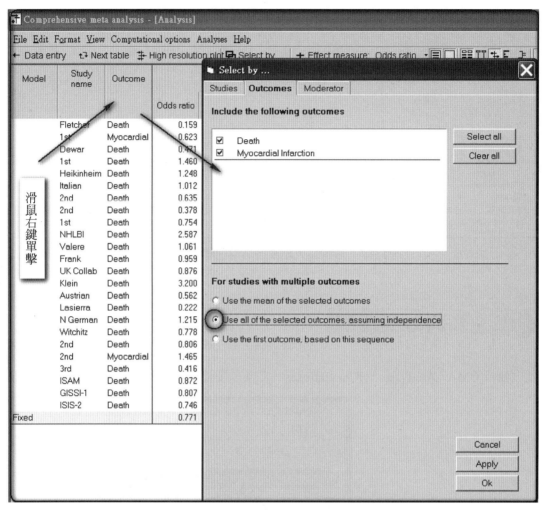

圖 6-8　研究結果的選擇與設定表單

	Sort Lo-Hi by Outcome
	Sort Hi-Lo by Outcome
	Select by Outcome
	Set decimals
	Align

　　由圖 6-8 可知，使用滑鼠右鍵單擊「Outcome」欄位時，會出現 ，點選「Select by Outcome」之後，待出現「Select by...」視窗之後，勾選任一研究結果（outcomes）進行資料分析。另外，如果要將多重研究結果視為完全相關，須勾選「Use the mean of the selected outcomes」；如果視為完全獨立無關，須勾選「Use all of the selected outcomes, assuming independence」去處理資料分析。使用者點選了圖 6-8 中「Select by...」表單內之「Use all of the selected outcomes, assuming independence」。點選完後，CMA 會主動出現圖 6-9 之說明視窗，說明將資料視為獨立性的後

果。注意，將來自於同一受試者的多重研究結果視為獨立無關，會造成統計結果上之偏差，參見圖 6-10 的文字說明。

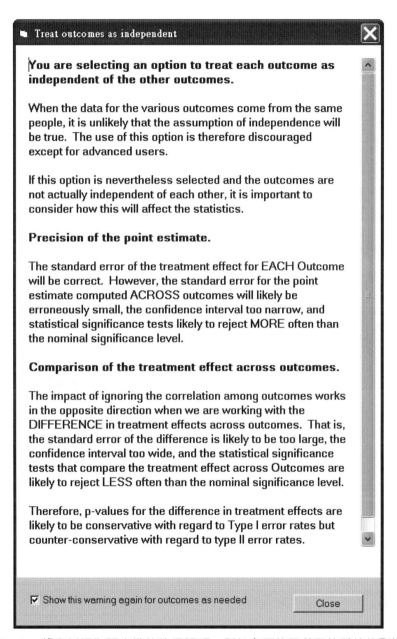

圖 6-9　將資料視為獨立性的後果說明：對於處理效果差異估計值的影響

圖 6-9 中的內文旨在提醒使用者：當一研究具有多重比較或多重結果時，將資料視為獨立性的後果：標準誤、信賴區間與第一類型錯誤的機率就會偏估。此種狀況如果發生在進行平均效果值標準誤的估計時（如多重結果的平均值：$\overline{Y} = \dfrac{Y_1 + Y_2}{2}$），標準誤會過小，信賴區間過窄，犯第一類型錯誤的機率可能比實際設定的水準更高。

此種狀況如果發生在進行跨研究結果的多重處理效果比較時（如比較次群體間或多重結果間之差異分數：如 $Y_1 - Y_2$），標準誤會過大，信賴區間過寬，犯第一類型錯誤的機率可能比實際設定的水準更低。

上述標準誤、信賴區間與第一類型錯誤的機率偏估，起因於組合變項（平均數或差異分數）之變異數計算不當所致。

接著，按下圖 6-8 的「OK」按鈕之後，點選 CMA 功能表單「View」下的「Meta-analysis statistics」，就會出現圖 6-10 的結果視窗。當研究者執行統計分析之後，在出現統計摘要表單時，研究者就可使用滑鼠左鍵按下 ↑（參見圖 6-10 頂部），以查看 CMA 之線上統計教練對於該統計模式的文字說明。

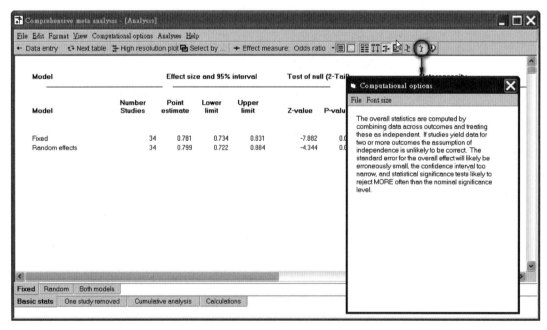

圖 6-10　將資料視為獨立性的後果：對於點估計值的影響

　　圖 6-10 內側小視窗的內文（Computational options）旨在提醒使用者：在進行橫跨不同研究結果的整體效果值之點估計時（$\overline{Y} = \dfrac{Y_1 + Y_2}{2}$），如將資料視為獨立性的假設違反時，會導致以下後果：標準誤會過小，信賴區間過窄，犯第一類型錯誤的機率可能比實際設定的水準更高。

　　研究者可以搭配如圖 6-11 的次群體分析表單，進行跨研究結果間之比較（務必點選「Group by...」的兩個勾選選單），此時如果資料的獨立性不成立時，應注意它對於處理效果差異估計值的影響，參見圖 6-10 的警訊。跨研究結果的輸出表單，請參見圖 6-12 與圖 6-14。

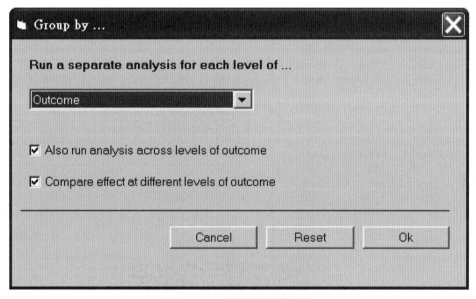

圖 6-11　次群體分析表單

　　圖 6-12 係資料內含跨研究的結果：調查服用阿斯匹靈對於死亡（Death）與心肌梗塞（Myocardial Infarction）的勝算比效果，以此多重結果資料為例，其分析結果如圖 6-14 所示。

Comprehensive meta analysis - [Analysis]

File Edit Format View Computational options Analyses Help

← Data entry   ⇅ Next table   ⌗ High resolution plot ⊟ Select by ...   + Effect measure: Odds ratio ▾ ▤

Model	Group by Outcome	Study name	Outcome	Statistics for each study				
				Odds ratio	Lower limit	Upper limit	Z-Value	p-Value
	Death	Fletcher	Death	0.159	0.015	1.732	-1.509	0.131
	Death	Dewar	Death	0.471	0.114	1.942	-1.042	0.297
	Death	1st	Death	1.460	0.689	3.096	0.987	0.323
	Death	Heikinheim	Death	1.248	0.643	2.423	0.655	0.513
	Death	Italian	Death	1.012	0.510	2.008	0.034	0.973
	Death	2nd	Death	0.635	0.447	0.903	-2.529	0.011
	Death	2nd	Death	0.378	0.183	0.778	-2.640	0.008
	Death	1st	Death	0.754	0.436	1.306	-1.006	0.314
	Death	NHLBI	Death	2.587	0.632	10.596	1.321	0.186
	Death	Valere	Death	1.061	0.392	2.876	0.117	0.907
	Death	Frank	Death	0.959	0.289	3.185	-0.068	0.946
	Death	UK Collab	Death	0.876	0.570	1.346	-0.604	0.546
	Death	Klein	Death	3.200	0.296	34.588	0.958	0.338
	Death	Austrian	Death	0.562	0.365	0.867	-2.609	0.009
	Death	Lasierra	Death	0.222	0.019	2.533	-1.211	0.226
	Death	N German	Death	1.215	0.797	1.853	0.906	0.365
	Death	Witchitz	Death	0.778	0.199	3.044	-0.361	0.718
	Death	2nd	Death	0.806	0.440	1.477	-0.697	0.486
	Death	3rd	Death	0.416	0.242	0.716	-3.164	0.002
	Death	ISAM	Death	0.872	0.599	1.270	-0.713	0.476
	Death	GISSI-1	Death	0.807	0.721	0.903	-3.741	0.000
	Death	ISIS-2	Death	0.746	0.676	0.822	-5.877	0.000
Fixed	Death			0.774	0.725	0.826	-7.711	0.000
	Myocardial	1st	Myocardial	0.623	0.421	0.920	-2.379	0.017
	Myocardial	2nd	Myocardial	1.465	0.489	4.390	0.682	0.495
Fixed	Myocardial			0.685	0.474	0.990	-2.013	0.044
Fixed	Overall			0.771	0.723	0.822	-7.944	0.000

圖 6-12　跨研究結果的基本統計報表（依 outcome 之不同，進行統計分析）

　　研究者如欲獲得更完整的整合分析結果與異質性分析結果，請點選圖 6-13 控制表單的「Meta-analysis statistics」，就可獲得圖 6-14 整合分析結果的完整統計報表。

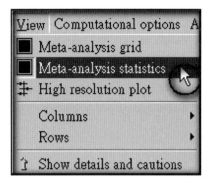

圖 6-13　整合分析結果輸出點選表單

Comprehensive meta analysis - [Analysis]										

File Edit Format View Computational options Analyses Help

← Data entry　↰ Next table　‡ High resolution plot 🔲 Select by ...　+ Effect measure: Odds ratio ▾ ▤▢▦Ⅱ‡Ε⅄↿①

Groups		Effect size and 95% interval				Test of null (2-Tail)		Heterogeneity			
Group	Number Studies	Point estimate	Lower limit	Upper limit		Z-value	P-value	Q-value	df (Q)	P-value	I-squared
Fixed effect analysis											
Death	22	0.774	0.725	0.826		-7.711	0.000	31.498	21	0.066	33.330
Myocardial	2	0.685	0.474	0.990		-2.013	0.044	2.074	1	0.150	51.795
Total within								33.573	22	0.054	
Total between								0.407	1	0.523	
Overall	24	0.771	0.723	0.822		-7.944	0.000	33.980	23	0.065	32.314
Mixed effects analysis											
Death	22	0.782	0.693	0.884		-3.942	0.000				
Myocardial	2	0.814	0.374	1.772		-0.519	0.604				
Total between								0.010	1	0.922	
Overall	24	0.783	0.694	0.884		-3.975	0.000				

圖 6-14　整合分析結果的完整統計報表

　　圖 6-14 係一個服用阿斯匹靈的試驗結果，由圖中固定效果分析之報表可知，就死亡（Death）而言，其勝算比（Odds ratio）為 0.774（p = .000），其研究結果間之異質性未達 .05 之顯著水準（Q = 31.489, p = .066）；就心肌梗塞（Myocardial Infarction）而言，其勝算比為 0.685（p = .044），其研究結果間之異質性也未達 .05 之顯著水準（Q = 2.074, p = .150），顯示阿斯匹靈對於降低死亡與心肌梗塞具有一定的療效（p < .05）。

第 7 章
CMA 資料輸入的
常用樣板

為省去選擇輸入格式與研究類別等步驟，CMA 提供四個常用的輸入樣板（Templates），研究者可以透過 CMA 的內建樣板直接呼叫，而可立即輸入資料。圖 7-1 就是開啟常用樣板的歡迎視窗（File → Opening screen wizard），請點選該視窗中的「Start a new spreadsheet using a template」（這些樣板存在 CMA 主目錄的 Templates 資料夾中，均以 *.cmt 格式呈現，可以將之更改為 *.cma，就可用 CMA 的「Open」指令直接開

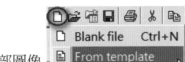

啟）；也可點擊右側底部圖像 後，在圖 7-2 的視窗中，選取與開啟欲使用的資料輸入樣板，其實例示範如下。

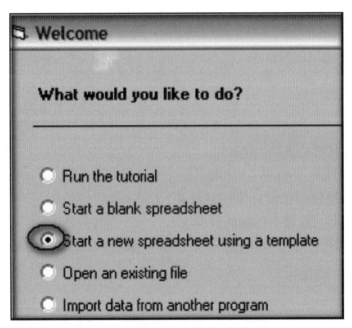

圖 7-1　開啟 CMA 表單的選擇視窗

圖 7-2　CMA 四個常用的輸入樣板

一、相關係數樣板

相關係數效果值的整合分析相當普遍，CMA 提供的效果值（Computed effect sizes）輸入格式共有五種：相關係數與樣本大小、相關係數與 SE、相關係數與變異量、Fisher's Z 與樣本大小及 Fisher's Z 與 SE。圖 7-3 內部視窗的欄位設定，就是相關係數與樣本大小的樣板。

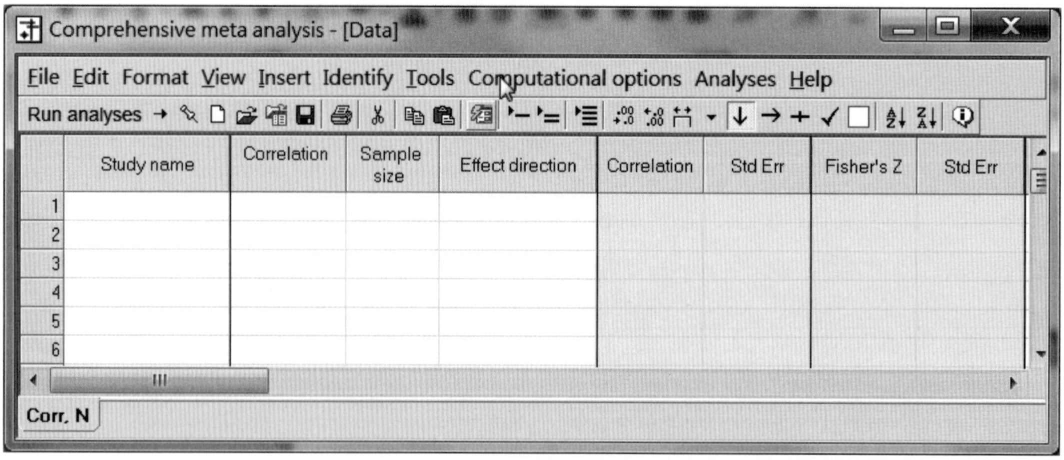

圖 7-3　相關係數資料輸入樣板

圖 7-4 的建檔實例，係 CMA「相關係數與樣本大小」（Correlation and sample size）資料輸入後的完整畫面，該筆資料係護士工作壓力與工作滿意度的相關係數，其上頭之欄位名稱： Study name | Correlation | Sample size | Effect direction ，係透過圖 7-3 樣板取得。

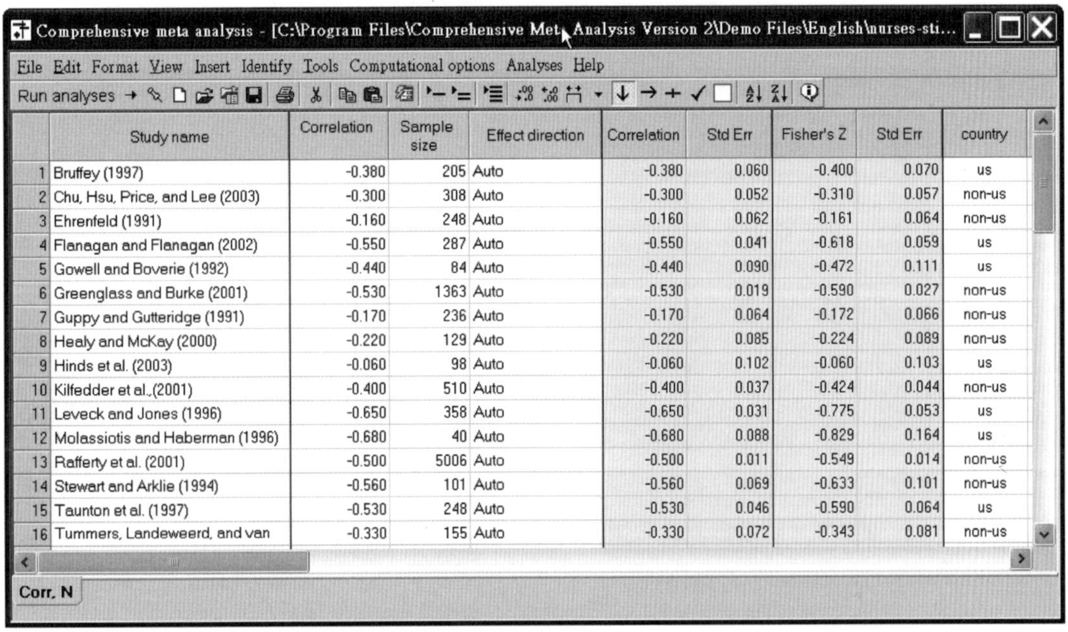

Comprehensive meta analysis - [C:\Program Files\Comprehensive Meta Analysis Version 2\Demo Files\English\nurses-sti...

	Study name	Correlation	Sample size	Effect direction	Correlation	Std Err	Fisher's Z	Std Err	country
1	Bruffey (1997)	-0.380	205	Auto	-0.380	0.060	-0.400	0.070	us
2	Chu, Hsu, Price, and Lee (2003)	-0.300	308	Auto	-0.300	0.052	-0.310	0.057	non-us
3	Ehrenfeld (1991)	-0.160	248	Auto	-0.160	0.062	-0.161	0.064	non-us
4	Flanagan and Flanagan (2002)	-0.550	287	Auto	-0.550	0.041	-0.618	0.059	us
5	Gowell and Boverie (1992)	-0.440	84	Auto	-0.440	0.090	-0.472	0.111	us
6	Greenglass and Burke (2001)	-0.530	1363	Auto	-0.530	0.019	-0.590	0.027	non-us
7	Guppy and Gutteridge (1991)	-0.170	236	Auto	-0.170	0.064	-0.172	0.066	non-us
8	Healy and McKay (2000)	-0.220	129	Auto	-0.220	0.085	-0.224	0.089	non-us
9	Hinds et al. (2003)	-0.060	98	Auto	-0.060	0.102	-0.060	0.103	us
10	Kilfedder et al.,(2001)	-0.400	510	Auto	-0.400	0.037	-0.424	0.044	non-us
11	Leveck and Jones (1996)	-0.650	358	Auto	-0.650	0.031	-0.775	0.053	us
12	Molassiotis and Haberman (1996)	-0.680	40	Auto	-0.680	0.088	-0.829	0.164	us
13	Rafferty et al. (2001)	-0.500	5006	Auto	-0.500	0.011	-0.549	0.014	non-us
14	Stewart and Arklie (1994)	-0.560	101	Auto	-0.560	0.069	-0.633	0.101	non-us
15	Taunton et al. (1997)	-0.530	248	Auto	-0.530	0.046	-0.590	0.064	us
16	Tummers, Landeweerd, and van	-0.330	155	Auto	-0.330	0.072	-0.343	0.081	non-us

Corr, N

圖 7-4　相關係數效果值的建檔實例：護士工作壓力與工作滿意度相關效果值

二、平均數差異效果值樣板

平均數差異效果值的整合分析也相當普遍，CMA 提供了 9 種效果值的輸入格式，而圖 7-5 內部視窗的欄位設定，就是平均數、標準差與樣本大小的輸入樣板。

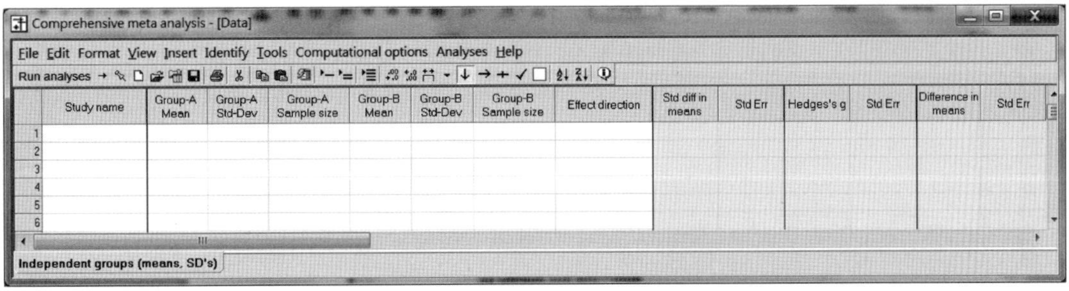

Comprehensive meta analysis - [Data]

	Study name	Group-A Mean	Group-A Std-Dev	Group-A Sample size	Group-B Mean	Group-B Std-Dev	Group-B Sample size	Effect direction	Std diff in means	Std Err	Hedges's g	Std Err	Difference in means	Std Err
1														
2														
3														
4														
5														
6														

Independent groups (means, SD's)

圖 7-5　平均數差異資料輸入樣板

圖 7-6 的建檔實例，係 CMA「平均數、標準差與樣本大小」（Mean, SD and sample size in each group）資料輸入後的完整畫面，該筆資料係男女校長的領導效能平均數、樣本大小與標準差資料，其上頭之欄位名稱：

| Study name | Male Mean | Male Std-Dev | Male Sample size | Female Mean | Female Std-Dev | Female Sample size | Effect direction |

，係透過圖 7-5 樣板加以編修獲得。

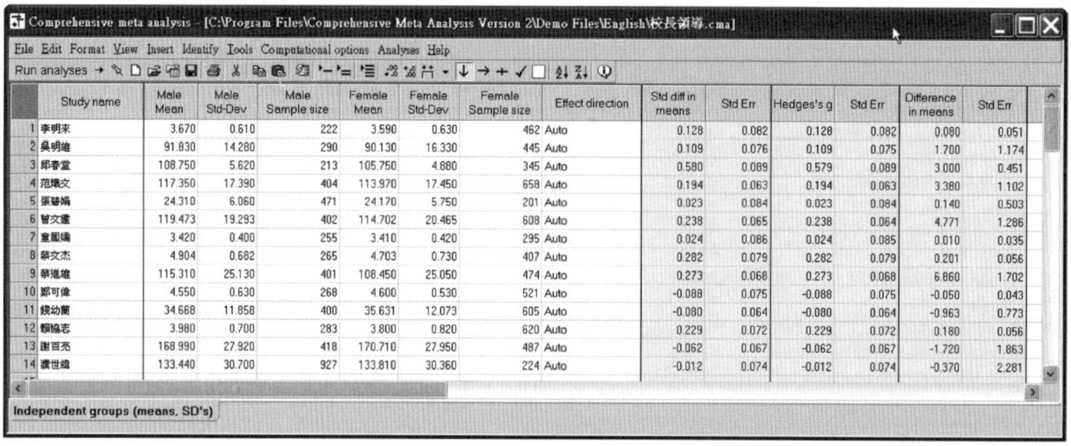

	Study name	Male Mean	Male Std-Dev	Male Sample size	Female Mean	Female Std-Dev	Female Sample size	Effect direction	Std diff in means	Std Err	Hedges's g	Std Err	Difference in means	Std Err
1	李明來	3.670	0.610	222	3.590	0.630	462	Auto	0.128	0.082	0.128	0.082	0.080	0.051
2	吳明雄	91.830	14.280	290	90.130	16.330	445	Auto	0.109	0.076	0.109	0.075	1.700	1.174
3	邱香堂	108.750	5.620	213	105.750	4.880	345	Auto	0.580	0.089	0.579	0.089	3.000	0.451
4	范瑞文	117.350	17.390	404	113.970	17.450	658	Auto	0.194	0.063	0.194	0.063	3.380	1.102
5	張碧娟	24.310	6.060	471	24.170	5.750	201	Auto	0.023	0.084	0.023	0.084	0.140	0.503
6	曾文蕙	119.473	19.293	402	114.702	20.465	608	Auto	0.238	0.065	0.238	0.064	4.771	1.286
7	童鳳嬌	3.420	0.400	255	3.410	0.420	295	Auto	0.024	0.086	0.024	0.085	0.010	0.035
8	蔡文杰	4.904	0.682	265	4.703	0.730	407	Auto	0.282	0.079	0.282	0.079	0.201	0.056
9	蔡進雄	115.310	25.130	401	108.450	25.050	474	Auto	0.273	0.068	0.273	0.068	6.860	1.702
10	鄭可偉	4.550	0.630	268	4.600	0.530	521	Auto	-0.088	0.075	-0.088	0.075	-0.050	0.043
11	錢幼蘭	34.668	11.858	400	35.631	12.073	605	Auto	-0.080	0.064	-0.080	0.064	-0.963	0.773
12	賴協志	3.980	0.700	283	3.800	0.820	620	Auto	0.229	0.072	0.229	0.072	0.180	0.056
13	謝百杰	168.990	27.920	418	170.710	27.950	487	Auto	-0.062	0.067	-0.062	0.067	-1.720	1.863
14	濮世緯	133.440	30.700	927	133.810	30.360	224	Auto	-0.012	0.074	-0.012	0.074	-0.370	2.281

圖 7-6　平均數差異效果值的建檔畫面：男女校長的領導效能

三、二分類別資料效果值樣板

二分類別資料適合進行勝算比（Odds ratio）的整合分析，CMA 提供了 5 種效果值的輸入格式，圖 7-7 內部視窗的欄位設定，就是事件次數與無事件次數的輸入樣板。

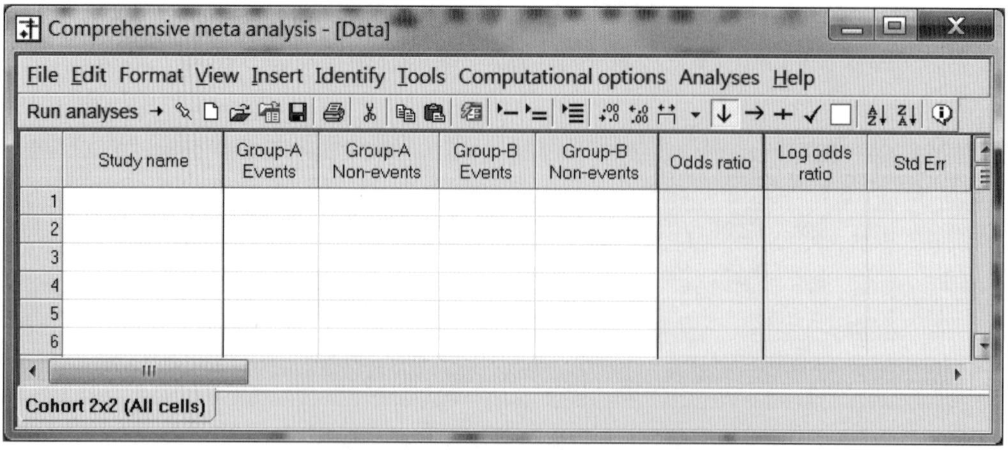

圖 7-7　二分類別資料的輸入樣板

圖 7-7 的建檔實例係 CMA「事件次數與無事件次數」（Events and non-events in each group）資料輸入後的完整畫面，該筆資料係男女失眠者的發生頻率與男女樣本總人數，其上頭之欄位名稱：Female Sleeplessness | Female Normal | Male Sleeplessness | Male Normal，係透過圖 7-7 樣板加以修正而獲得。

Comprehensive meta analysis - [C:\Program Files\Comprehensive Meta Analysis Version 2\Demo Files\English\Insomnia-sex-difference-2005.cma]

File Edit Format View Insert Identify Tools Computational options Analyses Help

Run analyses

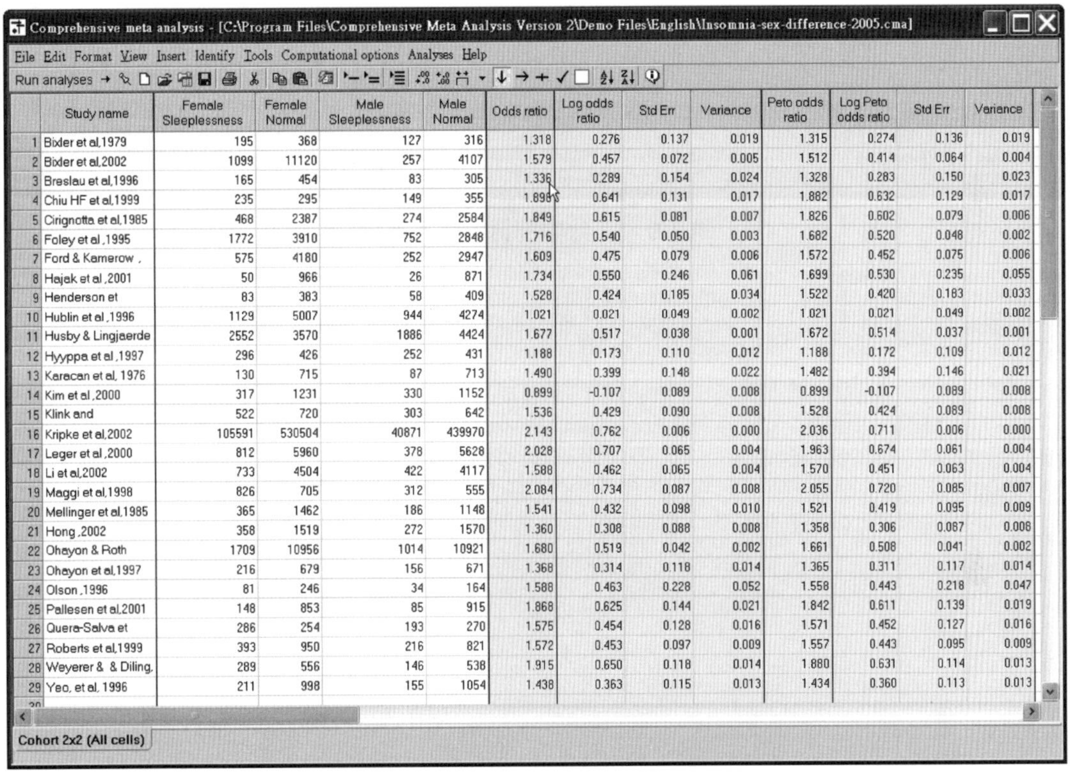

	Study name	Female Sleeplessness	Female Normal	Male Sleeplessness	Male Normal	Odds ratio	Log odds ratio	Std Err	Variance	Peto odds ratio	Log Peto odds ratio	Std Err	Variance
1	Bixler et al,1979	195	368	127	316	1.318	0.276	0.137	0.019	1.315	0.274	0.136	0.019
2	Bixler et al,2002	1099	11120	257	4107	1.579	0.457	0.072	0.005	1.512	0.414	0.064	0.004
3	Breslau et al,1996	165	454	83	305	1.336	0.289	0.154	0.024	1.328	0.283	0.150	0.023
4	Chiu HF et al,1999	235	295	149	355	1.898	0.641	0.131	0.017	1.882	0.632	0.129	0.017
5	Cirignotta et al,1985	468	2387	274	2584	1.849	0.615	0.081	0.007	1.826	0.602	0.079	0.006
6	Foley et al ,1995	1772	3910	752	2848	1.716	0.540	0.050	0.003	1.682	0.520	0.048	0.002
7	Ford & Kamerow ,	575	4180	252	2947	1.609	0.475	0.079	0.006	1.572	0.452	0.075	0.006
8	Hajak et al ,2001	50	966	26	871	1.734	0.550	0.246	0.061	1.699	0.530	0.235	0.055
9	Henderson et	83	383	58	409	1.528	0.424	0.185	0.034	1.522	0.420	0.183	0.033
10	Hublin et al ,1996	1129	5007	944	4274	1.021	0.021	0.049	0.002	1.021	0.021	0.049	0.002
11	Husby & Lingjaerde	2552	3570	1886	4424	1.677	0.517	0.038	0.001	1.672	0.514	0.037	0.001
12	Hyyppa et al ,1997	296	426	252	431	1.188	0.173	0.110	0.012	1.188	0.172	0.109	0.012
13	Karacan et al, 1976	130	715	87	713	1.490	0.399	0.148	0.022	1.482	0.394	0.146	0.021
14	Kim et al ,2000	317	1231	330	1152	0.899	-0.107	0.089	0.008	0.899	-0.107	0.089	0.008
15	Klink and	522	720	303	642	1.536	0.429	0.090	0.008	1.528	0.424	0.089	0.008
16	Kripke et al,2002	105591	530504	40871	439970	2.143	0.762	0.006	0.000	2.036	0.711	0.006	0.000
17	Leger et al ,2000	812	5960	378	5628	2.028	0.707	0.065	0.004	1.963	0.674	0.061	0.004
18	Li et al,2002	733	4504	422	4117	1.588	0.462	0.065	0.004	1.570	0.451	0.063	0.004
19	Maggi et al,1998	826	705	312	555	2.084	0.734	0.087	0.008	2.055	0.720	0.085	0.007
20	Mellinger et al,1985	365	1462	186	1148	1.541	0.432	0.098	0.010	1.521	0.419	0.095	0.009
21	Hong ,2002	358	1519	272	1570	1.360	0.308	0.088	0.008	1.358	0.306	0.087	0.008
22	Ohayon & Roth	1709	10956	1014	10921	1.680	0.519	0.042	0.002	1.661	0.508	0.041	0.002
23	Ohayon et al,1997	216	679	156	671	1.368	0.314	0.118	0.014	1.365	0.311	0.117	0.014
24	Olson ,1996	81	246	34	164	1.588	0.463	0.228	0.052	1.558	0.443	0.218	0.047
25	Pallesen et al,2001	148	853	85	915	1.868	0.625	0.144	0.021	1.842	0.611	0.139	0.019
26	Quera-Salva et	286	254	193	270	1.575	0.454	0.128	0.016	1.571	0.452	0.127	0.016
27	Roberts et al,1999	393	950	216	821	1.572	0.453	0.097	0.009	1.557	0.443	0.095	0.009
28	Weyerer & & Diling,	289	556	146	538	1.915	0.650	0.118	0.014	1.880	0.631	0.114	0.013
29	Yeo, et al, 1996	211	998	155	1054	1.438	0.363	0.115	0.013	1.434	0.360	0.113	0.013

Cohort 2x2 (All cells)

圖 7-8　二分類別資料的建檔實例：男女失眠者的發生頻率與未發生頻率

樣板三與四很類似，爲節省篇幅，第四個二分類別資料輸入樣板：事件次數與總人數樣板，請參見圖 7-9，不再贅述。

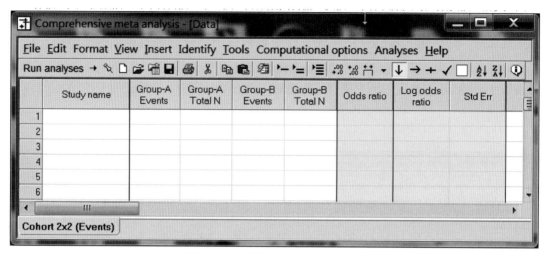

圖 7-9　二分類別資料輸入樣板

第 8 章

CMA 的首航

為讓初學者第一次揚帆就能快樂出航，儘量透過圖示，剪輯以下 CMA 基本操作流程（1～9）與主要統計分析步驟（10～18）。操作時，請逐步依畫面提示進行實作，相信十分鐘內就能學會 CMA 資料的輸入與分析。此趟 CMA 的首航，定會讓你體認到 CMA 的資料輸入、管理與分析，設想周到且簡明易學。過程中，如仍有操作上的疑問與細節，請參閱本書第 2、3 章。以下係 CMA 18 個步驟之簡易說明：

1. 啟動 CMA，開啟空白資料表單

啟動 CMA 之後，會自動開啟「Welcome」視窗，請點選「Start a blank spreadsheet」，參見圖 8-1。研究者如欲開啟 CMA 事先建好的資料輸入樣板（Templates），請選「Start a new spreadsheet using a template」，就可直接跳到步驟 9，直接進行資料的輸入。另外，使用者亦可利用 CMA 上的 File → New... → Blank file（或 Ctrl+N），開啟 CMA 空白資料表單。當然，研究者亦可利用快捷圖像

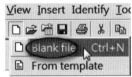

，開啟空白資料表單。

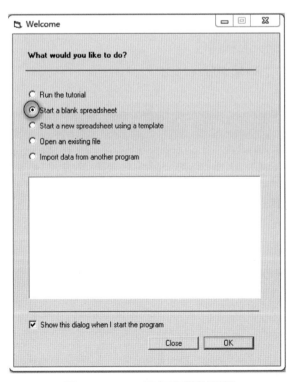

圖 8-1　CMA 工作表單的選擇

2. 設定研究名稱欄位

參見圖 8-2 之點選程序：「Insert → Column for... → Study names」

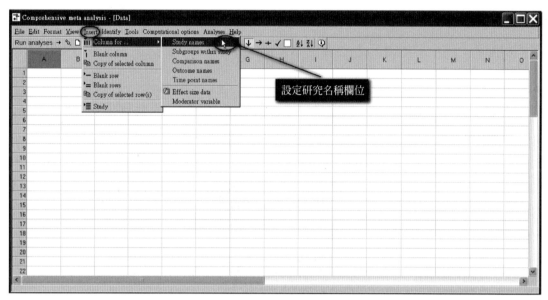

圖 8-2　設定研究名稱欄位之表單

3. CMA 自動設定好之研究名稱欄位

參見圖 8-3 各欄位之變項名稱。

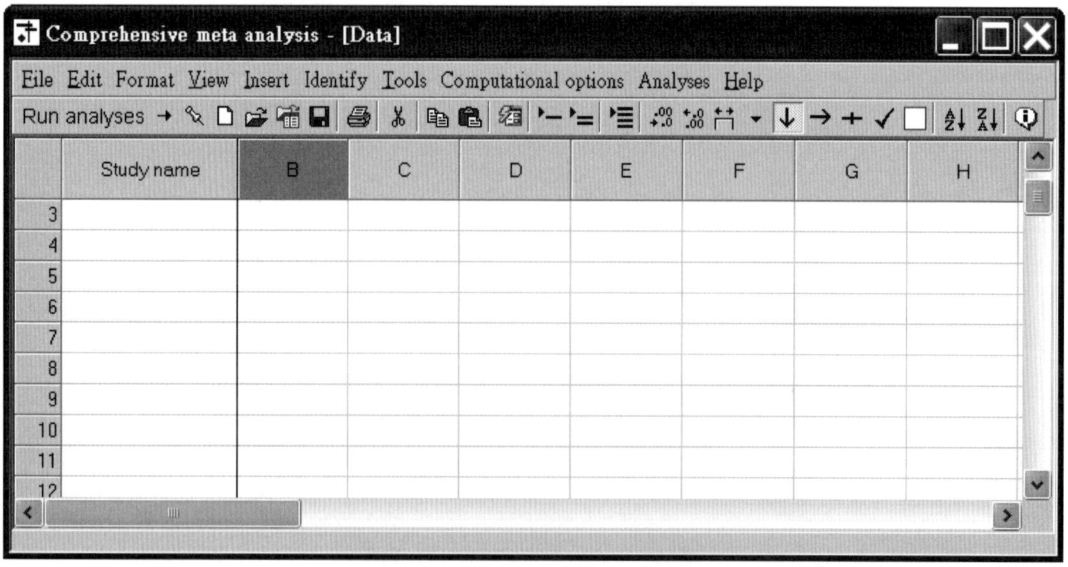

圖 8-3　自動設定之研究變項名稱

4. 選定效果值資料欄位的表單

點選程序：「Insert → Column for... → Effect size data」（參見圖 8-4）。

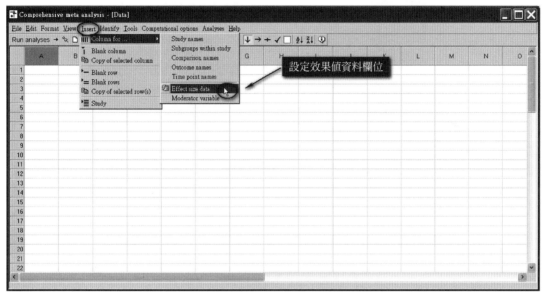

圖 8-4　選定效果值資料欄位之表單

因為各類效果值的定義甚為繁複，設定效果值資料欄位比較麻煩一點，涉及步驟 5～8。

5. 選擇內定格式與研究類型

完成步驟 4 之後，就會出現圖 8-5 的視窗文字說明及常用或所有格式的選擇。

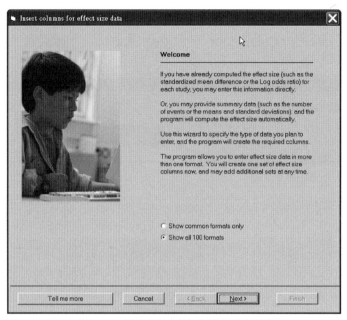

圖 8-5　選擇內定格式與研究類型

　　第一次使用 CMA，就直接讓 CMA 內定，按「Next」即會出現圖 8-6 的視窗，要求進行研究類型的選擇。

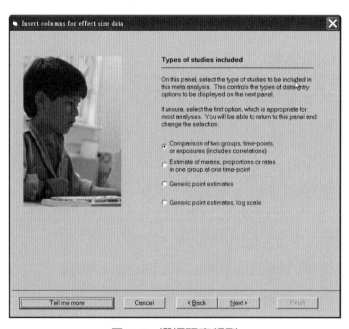

圖 8-6　選擇研究類型

第一次使用 CMA，就直接讓 CMA 內定（涉及雙組研究設計的資料），按「Next」即可。

6. 選擇研究資料類別

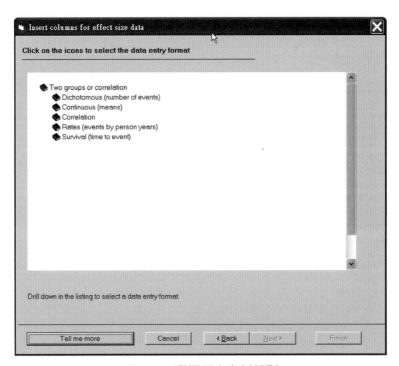

圖 8-7　選擇研究資料類別

依研究資料的性質，選擇研究資料類別。假設原始資料為二分類別資料效果值，因此選擇圖 8-7 的「Dichotomous（number of events）」為樣板；請用滑鼠左鍵雙擊之，以開啟該資料夾，參見圖 8-8。如果原始資料為相關係數，則請點選圖 8-7 的「Correlation」選單。

7. 選擇資料輸入格式

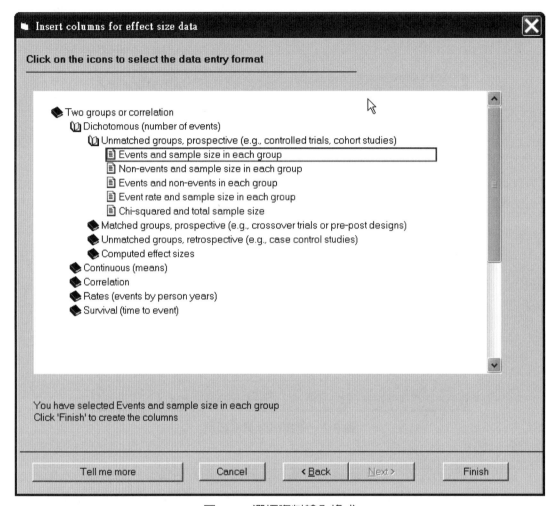

圖 8-8　選擇資料輸入格式

接著，視二分類別資料的特性與報告中的可用資訊，請再用滑鼠左鍵雙擊圖 8-8 中的「Unmatched groups, prospective（e.g., controlled trials, cohort studies）」之資料夾與「Events and sample size in each group」（各組均含有事件出現次數與樣本大小）。選擇完畢後，請按下圖 8-8 的「Finish」鍵，讓 CMA 開始進行輸入格式的選擇，參見圖 8-9 格式欄位之設定。

8. 效果值輸入格式選擇與組別名稱之設定

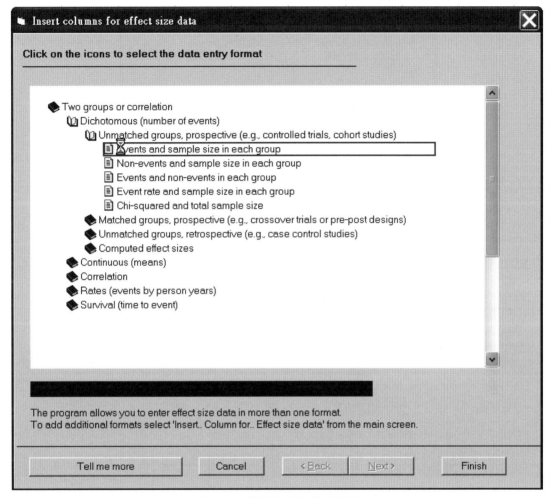

圖 8-9　效果值輸入格式選擇

　　在圖 8-9 中，假如沒有特殊要求，組別名稱之設定，就讓 CMA 自動幫你設定，到此按下「Finish」與「OK」鍵，CMA 就可開始格式的建立與輸入資料。如須更改組別名稱，請將「Group-A」與「Group-B」更換；例如：「Treated」、「Control」，參見圖 8-10。

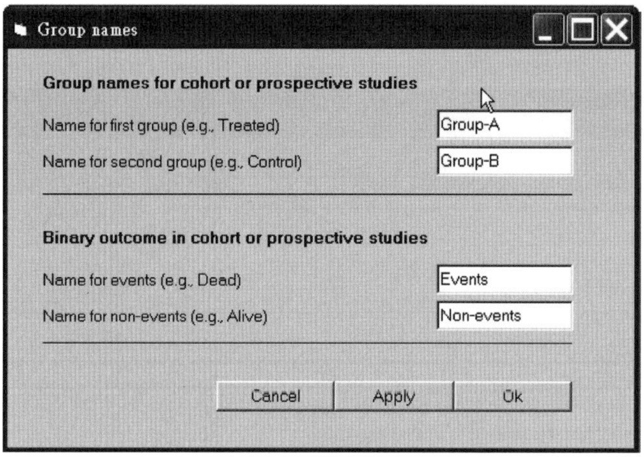

圖 8-10　效果值組別名稱之設定

9. CMA 依之前輸入格式的選擇，設定效果值資料欄位

圖 8-11 係 CMA 成功設定完成後，所呈現的效果值資料欄位，等待研究者輸入研究名稱、各組的事件出現次數與各組的樣本大小等資料。

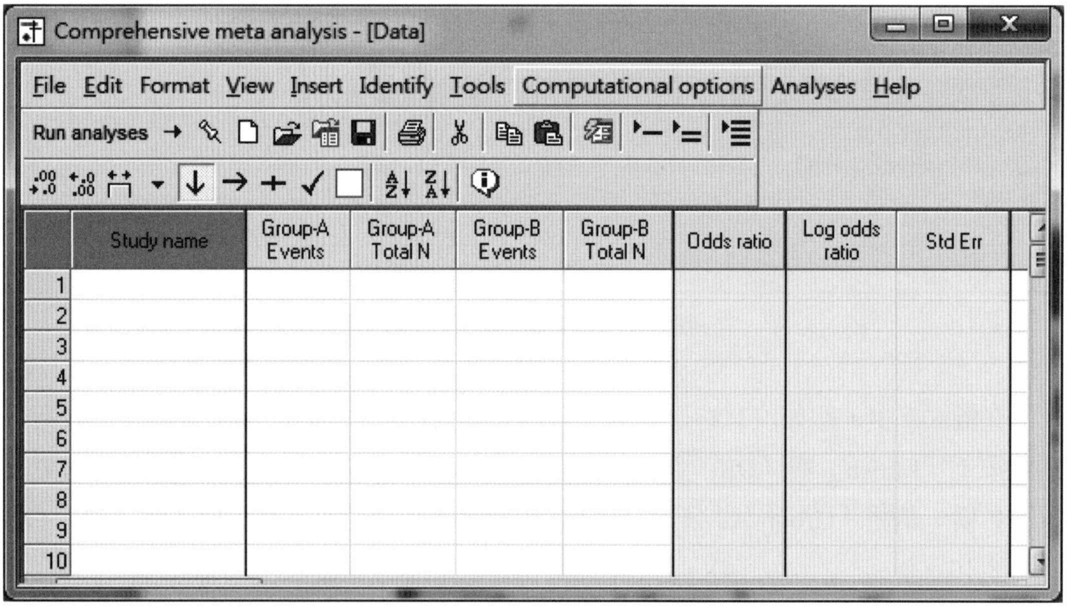

圖 8-11　等待輸入資料的 CMA 表單

10. 研究者開始輸入研究名稱與原始數據

圖 8-12 係完成輸入研究名稱與原始數據的 CMA 表單。

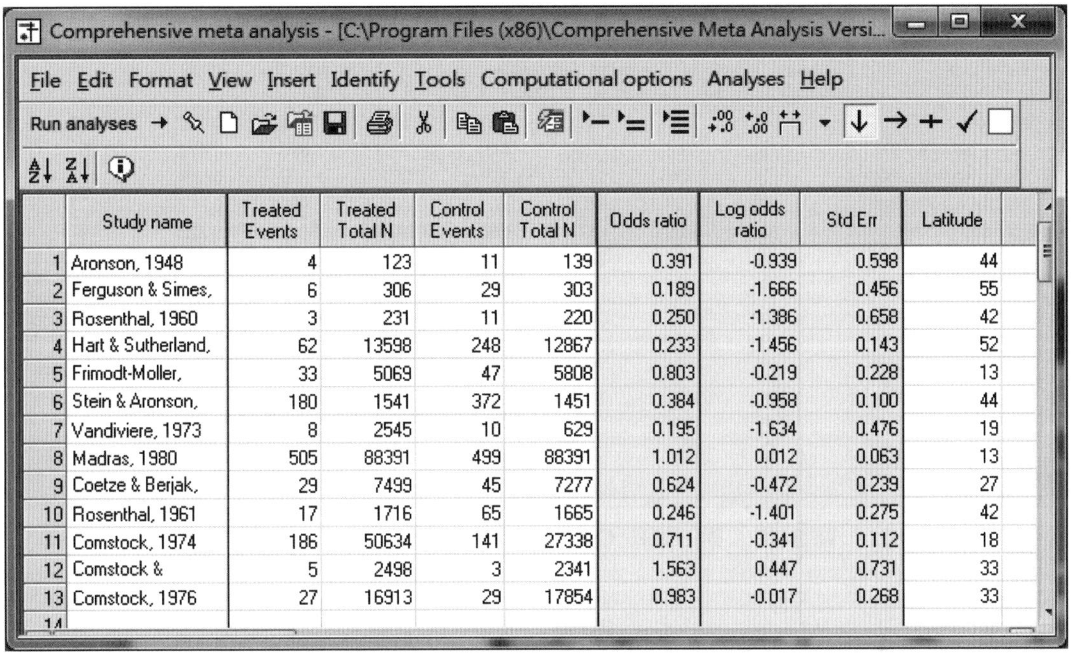

	Study name	Treated Events	Treated Total N	Control Events	Control Total N	Odds ratio	Log odds ratio	Std Err	Latitude
1	Aronson, 1948	4	123	11	139	0.391	-0.939	0.598	44
2	Ferguson & Simes,	6	306	29	303	0.189	-1.666	0.456	55
3	Rosenthal, 1960	3	231	11	220	0.250	-1.386	0.658	42
4	Hart & Sutherland,	62	13598	248	12867	0.233	-1.456	0.143	52
5	Frimodt-Moller,	33	5069	47	5808	0.803	-0.219	0.228	13
6	Stein & Aronson,	180	1541	372	1451	0.384	-0.958	0.100	44
7	Vandiviere, 1973	8	2545	10	629	0.195	-1.634	0.476	19
8	Madras, 1980	505	88391	499	88391	1.012	0.012	0.063	13
9	Coetze & Berjak,	29	7499	45	7277	0.624	-0.472	0.239	27
10	Rosenthal, 1961	17	1716	65	1665	0.246	-1.401	0.275	42
11	Comstock, 1974	186	50634	141	27338	0.711	-0.341	0.112	18
12	Comstock &	5	2498	3	2341	1.563	0.447	0.731	33
13	Comstock, 1976	27	16913	29	17854	0.983	-0.017	0.268	33

圖 8-12　完成輸入研究名稱與原始數據的 CMA 表單

當原始資料輸入完整之後，CMA 會自動計算效果值，並顯示於黃色區塊內（7～10 欄位），如輸入不全或不正確時，則不會顯示相關效果值。

11. 執行第一階段 CMA 統計分析

請點選「Analyses → Run analyses」（參見圖 8-13 功能表單）。

	Study name	Treated Events	Treated Total N	Control Events	Control Total N	Odds ratio	Log odds ratio	Std Err	Latitude
1	Aronson, 1948	4	123	11	139	0.391	-0.939	0.598	44
2	Ferguson & Simes,	6	306	29	303	0.189	-1.666	0.456	55
3	Rosenthal, 1960	3	231	11	220	0.250	-1.386	0.658	42
4	Hart & Sutherland,	62	13598	248	12867	0.233	-1.456	0.143	52
5	Frimodt-Moller,	33	5069	47	5808	0.803	-0.219	0.228	13
6	Stein & Aronson,	180	1541	372	1451	0.384	-0.958	0.100	44
7	Vandiviere, 1973	8	2545	10	629	0.195	-1.634	0.476	19
8	Madras, 1980	505	88391	499	88391	1.012	0.012	0.063	13
9	Coetze & Berjak,	29	7499	45	7277	0.624	-0.472	0.239	27
10	Rosenthal, 1961	17	1716	65	1665	0.246	-1.401	0.275	42
11	Comstock, 1974	186	50634	141	27338	0.711	-0.341	0.112	18
12	Comstock &	5	2498	3	2341	1.563	0.447	0.731	33
13	Comstock, 1976	27	16913	29	17854	0.983	-0.017	0.268	33

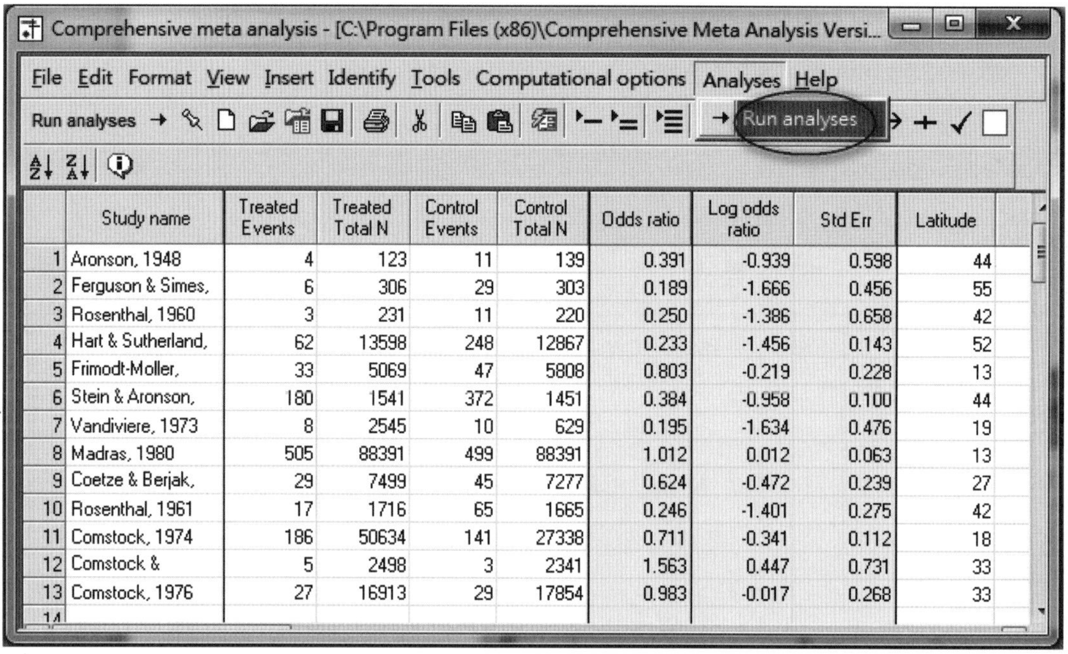

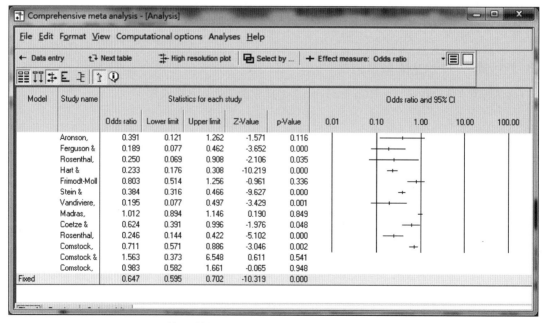

圖 8-13　第一階段 CMA 統計分析的執行與分析結果

12. CMA 基本統計分析報表

圖 8-14 係第一階段 CMA 基本統計分析報表與簡易森林圖。

Model	Study name	Odds ratio	Lower limit	Upper limit	Z-Value	p-Value
		Statistics for each study				
	Aronson,	0.391	0.121	1.262	-1.571	0.116
	Ferguson &	0.189	0.077	0.462	-3.652	0.000
	Rosenthal,	0.250	0.069	0.908	-2.106	0.035
	Hart &	0.233	0.176	0.308	-10.219	0.000
	Frimodt-Moll	0.803	0.514	1.256	-0.961	0.336
	Stein &	0.384	0.316	0.466	-9.627	0.000
	Vandiviere,	0.195	0.077	0.497	-3.429	0.001
	Madras,	1.012	0.894	1.146	0.190	0.849
	Coetze &	0.624	0.391	0.996	-1.976	0.048
	Rosenthal,	0.246	0.144	0.422	-5.102	0.000
	Comstock,	0.711	0.571	0.886	-3.046	0.002
	Comstock &	1.563	0.373	6.548	0.611	0.541
	Comstock,	0.983	0.582	1.661	-0.065	0.948
Fixed		0.647	0.595	0.702	-10.319	0.000

圖 8-14　第一階段 CMA 基本統計分析報表與簡易森林圖

13. 執行 CMA 出版偏差分析

實際上這是 CMA 第二階段的統計分析，研究者須先點選「Analyses → Run analyses」（第一階段的統計分析）之後，再點選「Analyses → Publication bias」（參見圖 8-15）。

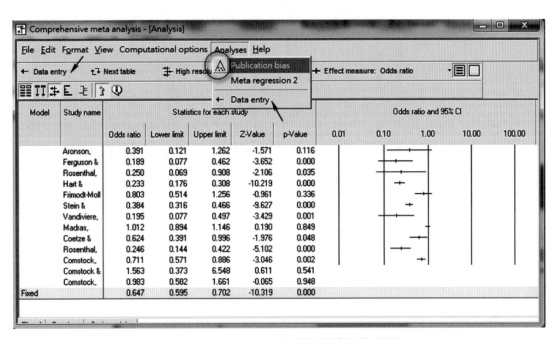

圖 8-15　執行 CMA 出版偏差分析的表單

在第一階段 CMA 資料分析的報表出現之後，研究者如欲返回原始資料編輯器表單，請點選「← Data entry」選單：在 CMA 功能表單左上角，或在 CMA「File」功

能表單下：  。

14. CMA 出版偏差分析報表：漏斗圖

圖 8-16 係 CMA 出版偏差漏斗圖，欲觀看此圖須點選 Funnel plot 表單。

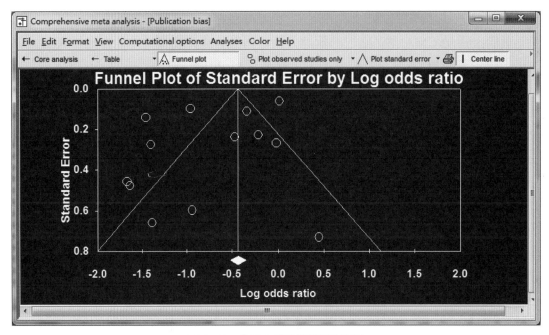

圖 8-16　CMA 出版偏差漏斗圖

　　研究者執行了出版偏差分析之後，如欲執行整合迴歸分析，必須點選「Analyses → Return to core meta analysis」，才能執行之，參見圖 8-17。

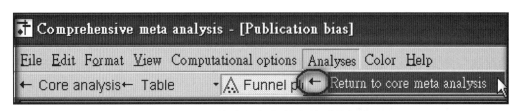

圖 8-17　返回整合分析的基本統計分析表單

15. 執行 CMA 整合迴歸分析（須先建立預測變項）

　　整合迴歸分析也是 CMA 第二階段的統計分析，CMA 2.0 使用者請先點選「Analyses→Run analyses」之後，再點選「Analyses→Meta regression」，參見圖 8-18。

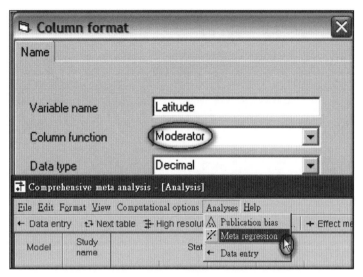

圖 8-18　執行 CMA 整合迴歸分析的表單

　　以 Bcg Latitude 資料檔案爲例，整合迴歸分析過程中，首先須在 CMA 資料表單中，建立一個調節變項（a moderator）；例如：建立一個 Latitude 的調節變項。進行初步統計分析之後，再執行第二階段的 CMA 統計分析；接著，在圖 8-19 右側的 CMA功能表單中，選擇Latitude作爲預測變項，CMA就會立即輸出統計圖與統計量。

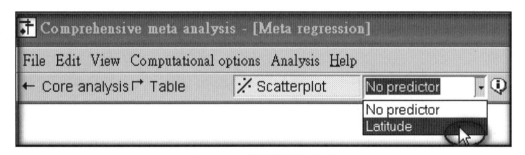

圖 8-19　預測變項的選擇

　　CMA 3.0 使用者，請點選「Analyses → Run analyses」之後，再點選「Analyses → Meta regression 2」（參見圖 8-20）。整合分析之調節變項設定如前節所述，不再贅述。

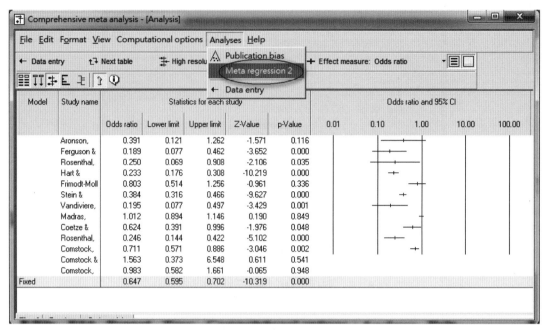

圖 8-20　CMA 3.0 整合迴歸分析表單

16. 整合迴歸分析的結果

CMA 整合迴歸分析結果的摘要，如圖 8-21 所示。

	Point estimate	Standard error	Lower limit	Upper limit	Z-value	p-Value
Slope	-0.03310	0.00282	-0.03862	-0.02758	-11.75030	0.00000
Intercept	0.39490	0.08239	0.23342	0.55639	4.79296	0.00000
Tau-squared	0.04799					

	Q	df	p-value
Model	138.06950	1.00000	0.00000
Residual	25.09542	11.00000	0.00883
Total	163.16492	12.00000	0.00000

圖 8-21　CMA 整合迴歸分析的結果

最後，點選前述 CMA 表單之「Scatterplot」選單，

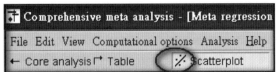

，即可在統計報表與統計圖間進行切換；
圖 8-22 係 CMA 整合迴歸分析的預測散布圖。

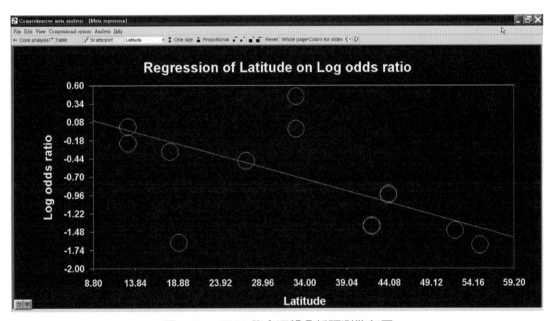

圖 8-22　CMA 整合迴歸分析預測散布圖

17. 輸出完整統計分析摘要表

請點選「View → Meta-analysis statistics」（參見圖 8-23 功能表單），輸出結果請
參見圖 8-24。

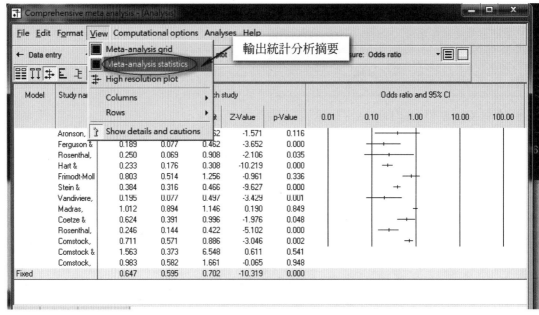

圖 8-23　CMA 完整統計分析的選擇表單

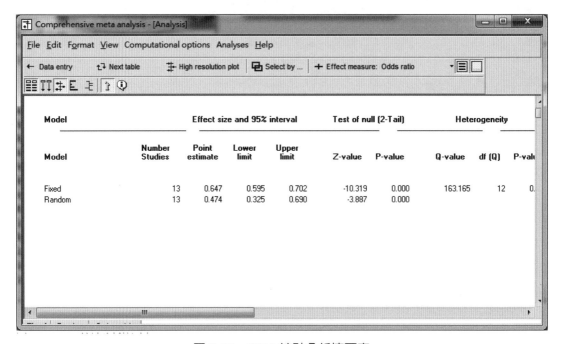

圖 8-24　CMA 統計分析摘要表

　　研究者執行了整合迴歸分析之後，如欲觀看統計分析的摘要表，必須點選「Analyses → Return to core meta analysis」（參見圖 8-25），才能點選「View → Meta-analysis statistics」，而出現圖 8-24 之統計分析摘要表。

圖 8-25　返回整合分析的基本統計分析表單

18. 輸出高解析度森林圖

設定程序表單：「View → High resolution plot」，輸出結果請參見圖 8-26。

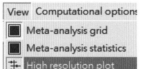

高解析度森林圖輸出程序：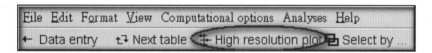或點選 CMA 的功能表單「High resolution plot」：

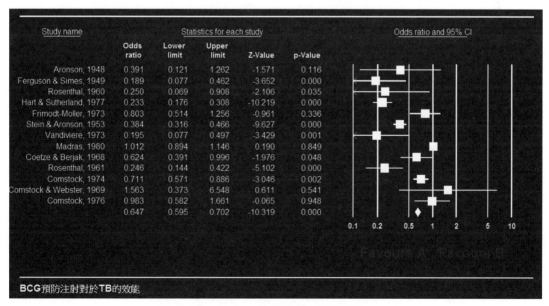

圖 8-26　CMA 高解析度森林圖

　　恭喜你首航成功，如意猶未盡，筆者建議你繼續閱讀本書的第 2、3 章，以進一步熟練 CMA 的主要操作知能（含資料輸入與統計分析），其他章節若有需要時再查閱即可。

附錄一　CMA 報表解釋的主要參考書目

　　本書重點在於操作方法與操作過程，無法一一針對各種統計分析報表進行解釋；如仍有疑問，筆者強烈推薦 Borenstein、Hedges、Higgins & Rothstein 等人（2009）與 Borenstein（2019）的英文整合分析專書（參見圖附錄 -1），中文專書則推薦筆者（2015）著作《傳統整合分析理論與實務：ESS & EXCEL》（參見圖附錄 -2）。書中對於 CMA 或 ESS 軟體所輸出報表的解釋，將有更詳盡的解說。

圖附錄 -1　整合分析的英文參考書

圖附錄 -2　整合分析的中文參考書

李茂能（2015）。傳統整合分析理論與實務：ESS & EXCEL。台北：五南。

Borenstein, M., Hedges, L. V., Higgins, J. P. T., & Rothstein, H. R. (2009). *Introduction to meta-analysis*. West Sussex, UK: John Wiley.

Borenstein, Michael (2019). *Common mistakes in meta-analysis and how to avoid them*. Biostat, Inc, Englewood, NJ.

附錄二　給 CMA 初學者的建議

　　CMA 初學者請先閱讀「CMA 的首航」，依序開啓 CMA 試航之旅。如遇操作或報表解釋上之問題，可直接參閱本書第 2、3 章，或利用書末的索引，檢閱本書各章節的相關資訊，以解決疑惑。經過幾次實例演練，深信即能熟練 CMA 的各種資料輸入方法與 CMA 統計分析功能的操作。

　　當你熟練 CMA 的操作與資料分析之後，就可利用 CMA 的統計教練，逐漸探索整合分析背後的統計概念與其相關的計算過程。相信你必會體驗到 CMA 不僅是進行整合分析的高手，而且也是整合分析輔助教學的神器。

索 引

一、英文

二、中文

五南文化事業機構
WU-NAN CULTURE ENTERPRISE

1H2A 結構方程模式理論與實務：圖解AMOS取向（附光碟）

作　　者：李茂能

定　　價：690元

I S B N：978-957-763-287-6

◆ 最新理論＋精華實務＝立竿見影的學習成效。
◆ 深入淺出的解說，融會作者多年授業精華，緊扣國際最新學術趨勢，帶領讀者輕鬆進入專業領域。
◆ 隨書附贈光碟：除資料檔外，包含三套 Excel VBA 巨集 & VB 程式，以供進行 SEM 適配函數極小化的試驗、二層次因素分析與交互相關的差異性考驗。

1H0B 當代整合分析理論與實務（附光碟）

作　　者：李茂能

定　　價：680元

I S B N：978-957-11-8897-3

整合分析——量化研究界的工業革命
◆ 目前已在實證醫學、經濟學、心理學、教育學、社會科學、市場行銷等學術領域的廣泛應用。
◆ 探究 SEM & HLM，熟悉心理計量的運用，了解貝氏網絡。
◆ 書中理論均予以簡化，全書著重實例解說，讓讀者有效掌握 ESS、SEM 與 HLM、WinBUGS、STATA、R 等相關語法。

1H95 傳統整合分析理論與實務：ESS & EXCEL（附光碟）

作　　者：李茂能

定　　價：850元

I S B N：978-957-11-8053-3

引領量化研究近半世紀——整合分析，讓文獻探討更加客觀且深入。
◆ 提供量化研究者具體的研究假設，不只關切統計顯著與否，更重視效果值的大小。
◆ 引領讀者熟悉整合分析的系統核心公式、技術與應用實務，以奠定整合分析的理論與實務根基。
◆ 隨書供應的本土化 ESS 軟體，依全方位整合分析的先後步驟與內容而設計，可處理大部分的整合分析模式與問題。

1H60 圖解 Amos在學術研究之應用（附光碟）

作　　者：李茂能

定　　價：620元

I S B N：978-957-11-6190-7

◆ 最佳指定教材：結構方程模式、研究方法學、多變項統計、量表編製，及指標建構等課程。
◆ 必備工具書：心理與教育、市場行銷、企業管理、組織心理學、體育休閒、政治行為分析、公共行政等社會及行為科學。
◆ 分享 SEM 學術的國際新脈動，並隨書附贈 SEM 樣本規劃與 Muthen's Entropy 指標的 Excel VBA 程式，提昇研究品質。

1HAK 財金時間序列分析：使用R語言（附光碟）

作　　者：林進益

定　　價：590元

I S B N：978-957-763-760-4

為實作派的你而寫——翻開本書，即刻上手！
◆ 情境式學習，提供完整程式語言，對照參考不出錯。
◆ 多種程式碼撰寫範例，臨陣套用、現學現賣
◆ 除了適合大學部或研究所的「時間序列分析」、「計量經濟學」或「應用統計」等課程；搭配貼心解說的「附錄」使用，也適合從零開始的讀者自修。

1H1N 衍生性金融商品：使用R語言（附光碟）

作　　者：林進益

定　　價：850元

I S B N：978-957-763-110-7

不認識衍生性金融商品，就不了解當代財務管理與金融市場的運作！
◆ 本書內容包含基礎導論、選擇權交易策略、遠期與期貨交易、二項式定價模型、BSM模型、蒙地卡羅方法、美式選擇權、新奇選擇權、利率與利率交換和利率模型。
◆ 以 R 語言介紹，由初學者角度編撰，避開繁雜數學式，是一本能看懂能操作的實用工具書。

1H2B Python程式設計入門與應用：運算思維的提昇與修練

作　　者：陳新豐

定　　價：450元

I S B N：978-957-763-298-2

◆ 以初學者學習面撰寫，內容淺顯易懂，從「運算思維」說明程式設計的策略。
◆ 「Python 程式設計」說明搭配實地操作，增進運算思維的能力，並引領讀者運用 Python 開發專題。
◆ 內容包括視覺化、人機互動、YouTube 影片下載器、音樂 MP3 播放器與試題分析等，具備基礎的程式設計者，可獲得許多啟發。

1H2C EXCEL和基礎統計分析

作　　者：王春和、唐麗英

定　　價：450元

I S B N：978-957-763-355-2

◆ 人人都有的EXCEL＋超詳細步驟教學＝高CP值學會統計分析。
◆ 專業理論深入淺出，搭配實例整合說明，從報表製作到讀懂，一次到位。
◆ 完整的步驟操作圖，解析報表眉角，讓你盯著螢幕不再霧煞煞。
◆ 本書專攻基礎統計技巧，讓你掌握資料分析力，在大數據時代脫穎而出。

五南文化事業機構
WU-NAN CULTURE ENTERPRISE

研究方法 系列

1H1P 人工智慧(AI)與貝葉斯(Bayesian)迴歸的整合：應用STaTa分析（附光碟）

作　　者：張紹勳、張任坊

定　　價：980元

ISBN：978-957-763-221-0

◆ 國內第一本解説 STaTa ——多達 45 種貝葉斯迴歸分析運用的教科書。
◆ STaTa＋AI＋Bayesian 超強組合，接軌世界趨勢，讓您躋身大數據時代先驅。
◆ 結合「理論、方法、統計」，讓讀者能精準使用 Bayesian 迴歸。
◆ 結內文包含大量圖片示意，配合隨書光碟資料檔，實地演練，學習更有效率。

1HA4 統計分析與R

作　　者：陳正昌、賈俊平

定　　價：650元

ISBN：978-957-763-663-8

正逐步成為量化研究分析主流的 R 語言
◆ 開章扼要提點各種統計方法適用情境，強調基本假定，避免誤用工具。
◆ 內容涵蓋多數的單變量統計方法，以及常用的多變量分析技術。
◆ 可供基礎統計學及進階統計學教學之用。

1HA6 統計學：基於R的應用

作　　者：賈俊平

審　　定：陳正昌

定　　價：580元

ISBN：978-957-11-8796-9

統計學是一門資料分析學科，廣泛應用於生產、生活和科學研究各領域。
◆ 強調統計思維和方法應用，以實際案例引導學習目標。
◆ 使用 R 完成計算和分析，透徹瞭解R語言的功能和特點。
◆ 注重統計方法之間的邏輯，以圖解方式展示各章內容，清楚掌握全貌。

1H2F Python數據分析基礎：包含數據挖掘和機器學習

作　　者：阮敬

定　　價：680元

ISBN：978-957-763-446-7

從統計學出發，最實用的 Python 工具書。
◆ 全書基於 Python3.6.4 編寫，兼容性高，為業界普遍使用之版本。
◆ 以簡明文字闡述替代複雜公式推導，力求降低學習門檻。
◆ 包含 AI 領域熱門的深度學習、神經網路及統計思維的數據分析，洞察市場先機。

1H47　量化研究與統計分析：SPSS與R資料分析範例解析

作　者：邱皓政

定　價：690元

I S B N：978-957-763-340-8

◆ 以 SPSS 最新版本 SPSS 23~25 進行全面編修，增補新功能介紹，充分發揮 SPSS 優勢長項。
◆ 納入免費軟體R的操作介紹與實例分析，搭配統計原理與 SPSS 的操作對應，擴展學習視野與分析能力。
◆ 強化研究上的實務解決方案，充實變異數分析與多元迴歸範例，納入 PROCESS 模組，擴充調節與中介效果實作技術，符合博碩士生與研究人員需求。

1H61　論文統計分析實務：SPSS與AMOS的運用

作　者：陳寬裕、王正華

定　價：920元

I S B N：978-957-11-9401-1

鑑於 SPSS 與 AMOS 突出的優越性，作者本著讓更多的讀者熟悉和掌握該軟體的初衷，進而強化分析數據能力而編寫此書。
◆ 「進階統計學」、「應用統計學」、「統計分析」等課程之教材
◆ 每章節皆附範例、習題，方便授課教師驗收學生學習成果

1H1K　存活分析及ROC：應用SPSS（附光碟）

作　者：張紹勳、林秀娟

定　價：690元

I S B N：978-957-11-9932-0

存活分析的實驗目標是探討生存機率，不只要研究事件是否發生，更要求出是何時發生。在臨床醫學研究中，是不可或缺的分析工具之一。
◆ 透過統計軟體 SPSS，結合理論、方法與統計引導，從使用者角度編排，讓學習過程更得心應手。
◆ 電子設備的壽命、投資決策的時間、企業存活時間、顧客忠誠度都是研究範圍。

1H0S　SPSS問卷統計分析快速上手祕笈

作　者：吳明隆、張毓仁

定　價：680元

I S B N：978-957-11-9616-9

◆ 本書統計分析程序融入大量新版 SPSS 視窗圖示，有助於研究者快速理解及方便操作，節省許多自我探索而摸不著頭緒的時間。
◆ 內容深入淺出、層次分明，對於從事問卷分析或相關志趣的研究者能迅速掌握統計分析使用的時機與方法，是最適合初學者的一本研究工具書。

國家圖書館出版品預行編目資料

整合分析軟體CMA：簡介與操作實務／李茂能
著.－－二版.－－臺北市：五南，2020.05
　　面；　公分
　ISBN 978-957-763-926-4（平裝）

1.社會科學　2.研究方法　3.後設分析

501.2　　　　　　　　　　109002649

1H91

整合分析軟體CMA
簡介與操作實務

作　　　者 ― 李茂能

發 行 人 ― 楊榮川

總 經 理 ― 楊士清

總 編 輯 ― 楊秀麗

主　　　編 ― 侯家嵐

責任編輯 ― 李貞錚

文字校對 ― 陳俐君、石曉蓉

封面設計 ― 王麗娟

出 版 者 ― 五南圖書出版股份有限公司

地　　　址：106台北市大安區和平東路二段339號4樓

電　　　話：(02)2705-5066　　傳　　　真：(02)2706-6100

網　　　址：http://www.wunan.com.tw

電子郵件：wunan@wunan.com.tw

劃撥帳號：01068953

戶　　　名：五南圖書出版股份有限公司

法律顧問　林勝安律師事務所　林勝安律師

出版日期　2014年9月初版一刷
　　　　　　2020年5月二版一刷

定　　　價　新臺幣350元

經典永恆・名著常在

五十週年的獻禮 —— 經典名著文庫

五南，五十年了，半個世紀，人生旅程的一大半，走過來了。

思索著，邁向百年的未來歷程，能為知識界、文化學術界作些什麼？

在速食文化的生態下，有什麼值得讓人雋永品味的？

歷代經典・當今名著，經過時間的洗禮，千錘百鍊，流傳至今，光芒耀人；

不僅使我們能領悟前人的智慧，同時也增深加廣我們思考的深度與視野。

我們決心投入巨資，有計畫的系統梳選，成立「經典名著文庫」，

希望收入古今中外思想性的、充滿睿智與獨見的經典、名著。

這是一項理想性的、永續性的巨大出版工程。

不在意讀者的眾寡，只考慮它的學術價值，力求完整展現先哲思想的軌跡；

為知識界開啟一片智慧之窗，營造一座百花綻放的世界文明公園，

任君遨遊、取菁吸蜜、嘉惠學子！